Peter Schönberger · **Hauptsache Europa**

Dokumente und Schriften
der Europäischen Akademie Otzenhausen

Herausgegeben von

Heiner Timmermann

Band 72

Hauptsache Europa

Perspektiven für das Europäische Parlament

Von

Peter Schönberger

Duncker & Humblot · Berlin

Die Deutsche Bibliothek – CIP-Einheitsaufnahme

Schönberger, Peter:
Hauptsache Europa : Perspektiven für das Europäische Parlament / von Peter Schönberger. – Berlin : Duncker und Humblot, 1994
(Dokumente und Schriften der Europäischen Akademie Otzenhausen Bd. 72)
ISBN 3-428-08054-8
NE: Europäische Akademie ⟨Otzenhausen⟩: Dokumente und Schriften der Europäischen Akademie Otzenhausen e.V.

Fotoprint: Berliner Buchdruckerei Union GmbH, Berlin
Printed in Germany

ISSN 0944-7431
ISBN 3-428-08054-8

Inhalt

1. Der gefesselte Riese: Wie wird ein Parlament mächtig und einflußreich?

Wer über das Europäische Parlament reden will, der ist vor deutschem Publikum derzeit meist zu einer Rundumverteidigung gezwungen. Da gibt es die einen, die immer schon erklärt haben, das Europäische Parlament sei eine machtlose Versammlung, ein Art Scheinparlament. Neuerdings gibt es da aber auch die anderen, die verkünden, das Europäische Parlament werde zu mächtig und befördere einen gefährlichen Zentralismus.

Erstere Position war in Deutschland lange die einzig gängige. Sympathisch daran ist die Grundannahme: Die europäische Integration ist noch nicht weit genug fortgeschritten. Nicht Europa ist das Problem, sondern zu wenig Europa. Die Gegenposition geht von der umgekehrten Grundannahme aus: Zu viel Europa ist das Problem. Dieses Zuviel an Europa beeinträchtige die politische Handlungsfähigkeit. Wir haben nicht 45 Jahre auf die volle Wiederherstellung unserer nationalen Souveränität warten müssen, um sie dann sogleich wieder aufzugeben, denken ihre Verfechter, sagen es so deutlich aber meist nicht. Das macht den Umgang mit ihnen doppelt schwer, weil die Auseinandersetzung auf Nebenschauplätzen (die angebliche Benachteiligung der deutschen Sprache in Brüssel, der angeblich zu hohe Finanzbeitrag der Deutschen...) geführt wird. Eines haben die Gegner einer weiteren europäischen Integration immerhin richtig erkannt: Im Streit um die Rolle des Europäischen Parlaments wird auch über die künftige Gestalt der Europäischen Union[1] entschieden.

---

[1] Seit Inkrafttreten des Vertrages von Maastricht im November 93 wird in den Medien fast durchgängig von der Europäischer Union (EU) gesprochen und nur noch ausnahmsweise von der/den Europäischen Gemeinschaft(en) (EG). Dieses Buch respektiert diese Sprachregelung mit Bedacht nicht und spricht relativ häufig von (Europäischer) Gemeinschaft. Denn mit der Schaffung der Europäischen Union hat die Gemeinschaft nicht aufgehört zu existieren. Die drei Gemeinschaftsverträge (Verträge zur Gründung der Europäischen Gemeinschaft, der Europäischen Gemeinschaft für Kohle und Stahl und der Europäischen Atomgemeinschaft) bleiben in Kraft und bilden weiterhin den harten Kern der europäischen Integration. Sie umfassen alles, was mit Wirtschaft zu tun hat: den Binnenmarkt, die Wirtschafts- und Währungsunion, die soziale Dimension. In ihrem Anwendungsbereich sind die Rechte des Europäischen Parlaments weit größer als im Bereich des Unionsvertrages, der gewissermaßen die Europäischen Gemeinschaften überwölbt und die Gemeinsame Außen- und Sicherheitspolitik sowie die Zusammenarbeit der Mitgliedstaaten auf den Feldern Justiz und Inneres regelt.

Wer die Union stärken will, muß das Parlament stärken. Wer das nicht will, darf den Abgeordneten keinen Millimeter Spielraum zusätzlich lassen. Daher würden die Gegner einer weiteren Integration das Europäische Parlament am liebsten weiterhin in seiner bisherigen Rolle sehen: in der Rolle des gefesselten Riesen.

Dieses Bild vom gefesselten Riesen mag überraschen, ja dem einen oder anderen sogar als gut gemeint, aber ein bißchen naiv erscheinen. Kann man das Europäische Parlament überhaupt als Riesen bezeichnen? Woher kommt sein potentielles politisches Gewicht? Es ergibt sich zunächst aus der Tatsache, daß nur das Europäische Parlament imstande ist, den demokratischen Geburtsfehler der Europäischen Union zu heilen. Wer nicht will, daß sich die parlamentarische Demokratie im Zuge der europäischen Integration in Luft auflöst, hat nur zwei Möglichkeiten: Er muß diesen europäischen Integrationsprozeß stoppen. Oder er muß dem Europäischen Parlament den ihm gebührenden Platz im Entscheidungsgefüge der Union einräumen.

Politische Potenz wächst dem Europäischen Parlament auch deshalb zu, weil es als einzige Institution einen direkten Auftrag und eine direkte Legitimation durch die Bürger hat, europäische Politik zu machen. Seine Abgeordneten sind die einzigen, die erfolgreich und dauerhaft einen Weg aus der strukturellen Falle der europäischen Integrationspolitik finden können. Diese strukturelle Falle europäischer Integrationspolitik wirkt, solange diese Politik maßgeblich allein den nationalen Regierungen überlassen bleibt.

Die sind unentrinnbar in folgendem Dilemma gefangen: Einerseits wollen und müssen sie die unbestreitbaren Vorteile des europäischen Integrationsprozesses herausstreichen. Andererseits müssen sie ihren Wählern immer wieder deutlich machen, daß gerade sie es sind, die sich im Zuge dieses Integrationsprozesses besonders erfolgreich gegenüber den anderen durchgesetzt und ein Maximum an nationalen Vorteilen herausgeschlagen haben. Das ist legitim, aber fatal, weil das Bild von der Europäischen Union, das so in den Köpfen der Bürger entsteht, höchst ambivalent bleibt. Das Vorurteil, daß man vor anderen Völkern tunlichst auf der Hut sein sollte, erhält zumindest unterschwellig auf diese Weise immer wieder neue Bestätigung. Die Grundidee von Europäischer Gemeinschaft und Union ist aber gerade nicht, daß zwölf um einen Tisch herumsitzen und sich darüber streiten, wer das größte Stück vom Kuchen bekommt und wer dabei womöglich die anderen übervorteilt. Die Grundidee ist, gemeinsam dafür zu sorgen, daß dieser Kuchen größer wird und besser schmeckt. Ein solcher Kuchen kann nur dort gebacken werden, wo die Verteidigung vermeintlicher oder tatsächlicher nationaler Interessen nicht die maßgebliche Daseinsberechtigung ist: im Europäischen Parlament.

Dieses Europäische Parlament besitzt auch deshalb so viel politische Potenz, weil es in den mittlerweile beinahe 15 Jahren seit den ersten Direktwahlen unter Beweis gestellt hat, daß nicht zwangsläufig ein babylonisches Chaos ausbricht, wenn 518 Abgeordnete aus zwölf Ländern und fast 80 verschiedenen Parteien zusammenarbeiten sollen, die zu allem Überfluß auch noch in neun verschiedenen Sprachen reden und deren Parlament seine Arbeit auf nicht weniger als drei Standorte verteilt. Dieses Europäische Parlament hat im Gegenteil unter Beweis gestellt, daß parlamentarische Arbeit multikulturell möglich ist. Und dies unter schwierigen Bedingungen.

Wie wurde der Riese Europäisches Parlament gefesselt? Ins Auge springen zunächst die eben schon angesprochenen äußeren Arbeitsbedingungen. Daß die europäischen Volksvertreter zwischen mehreren Orten hin- und herpendeln müssen, interpretieren viele als den Versuch, den Abgeordneten das Leben so schwer wie möglich zu machen. Wichtiger ist allerdings die Frage nach ihren politischen Kompetenzen.

Es war ja nie so, daß das Europäische Parlament keine Kompetenzen gehabt hätte. Richtig ist vielmehr, daß die Abgeordneten lange nicht die Kompetenzen hatten, die sie gerne haben wollten. Überspitzt gesagt: Wenn es den 518 Abgeordneten in der Vergangenheit darauf angekommen wäre, die Europäische Gemeinschaft zu lähmen, dann hätten sie alle Ampeln auf Rot schalten können, dann könnten sie auch heute alle Ampeln auf Rot schalten: Sie können die Europäische Kommission stürzen (und sie sind die einzigen, die das können). Sie können den Haushalt blockieren, was der Gemeinschaft nur noch das Wirtschaften mit einem lähmenden Nothaushalt erlauben würde. Sie können Fortschritte im ökonomischen Kernbereich der europäischen Integration durch Verzögerungstaktik und Veto unmöglich machen. Und sie können die Erweiterung der Union um neue Mitglieder verhindern. Das wollte und will die große Mehrheit der Abgeordneten aber gerade nicht. Im Gegenteil, sie waren und sind an einer funktionierenden und erfolgreichen Union so interessiert wie niemand sonst. Ihr Dilemma war also bisher, daß sie in einem Auto namens Europäische Integration saßen, das sie gerne in Fahrt gebracht hätten. Aber sie hatten in diesem Auto nur das Recht, auf die Bremse zu treten.

Dieses Dilemma hat in den letzten Jahren zusehends an Bedeutung verloren, mit Maastricht ist das Europäische Parlament in eine neue Konstellation gerückt. Deren volle Tragweite wird sichtbar werden, wenn das im Juni 1994 neu zu wählende Parlament arbeitsfähig ist und sich auf seine neuen Möglichkeiten besinnt. Welche Faktoren wirken bei dieser grundlegenden Veränderung der Rolle des Europäischen Parlaments?

1. Die anstehende und politisch unvermeidliche Erweiterung der Union auf demnächst 16 und später vielleicht 20 Mitgliedstaaten erzeugt einen großen institutionellen Reformdruck. Lagen früher Jahrzehnte zwischen größeren Reformen, so hat sich das Reformtempo in den letzten Jahren enorm erhöht: Maastricht ist kaum verdaut, aber für 1996 steht bereits die nächste Revision der Unions- und Gemeinschaftsvertäge an. Deren Notwendigkeit liegt auf der Hand: Reformiert die Union ihrer Institutionen und Entscheidungsmechanismen nicht, dann ist sie zur politischen Handlungsunfähigkeit verurteilt und wird bestenfalls auf den Status einer gehobenen Freihandelszone zurückfallen.

Soll aber Handlungsfähigkeit trotz steigender Mitgliederzahl gesichert und ausgebaut werden, dann ist vor allem die Abkehr vom Prinzip einstimmiger Entscheidungen im Rat unvermeidlich. Dieses Einstimmigkeitsprinzip bei von einem der beteiligten Länder als wichtig definierten Fragen war in den 60er Jahren um den Preis einer jahrelangen Lähmung der Gemeinschaft von Frankreichs Staatspräsident de Gaulle entgegen dem Wortlaut der Gemeinschaftsverträge politisch erzwungen worden.

Bei Verzicht auf Einstimmigkeit entsteht aber eine Legitimationslücke, die nur durch eine Stärkung der Rolle des Europäischen Parlaments geschlossen werden kann. Das war bereits im Zuge der Einheitlichen Europäischen Akte ab 1987 so, die das Prinzip der Mehrheitsentscheidungen beim Binnenmarktprogramm festschrieb und dem Europäischen Parlament mehr Mitwirkungsmöglichkeiten im Rahmen des sogenannten Verfahrens der Zusamenarbeit brachte. Maastricht geht hier noch einen Schritt weiter mit dem sogenannten Verfahren der Mitentscheidung. Hier steht erstmals nicht mehr der Rat an letzter Stelle im Entscheidungsprozeß, sondern das Parlament mit seinem Vetorecht. Und man muß kein Prophet sein um vorauszusagen, daß in der nächsten Reformstufe das Parlament die Gleichberechtigung mit dem Rat im Prozeß der europäischen Rechtsetzung erlangen kann.

2. Die Art der in der Gemeinschaft künftig anstehender Entscheidungen ändert sich. Bisher ging es vor allem darum, für die Gemeinschaft Aufgabenfelder, die ihr vertraglich zugeschrieben waren, auch politisch zu erschließen und diese dann per Gemeinschaftsrecht zu gestalten. Das brachte das Europäische Parlament regelmäßig in die höchst undankbare "Friß'-oder-stirb'"-Position. Die Abgeordneten entwickelten weitreichende Vorschläge, die aber im Ministerrat nicht konsensfähig waren. Dann standen sie vor der Wahl, den im Ministerrat ausgehandelten und meist sehr halbherzigen und bürokratischen Kompromiß zu akzeptieren oder abzulehnen. Taten sie letzteres, mußten sie fürchten, daß es überhaupt keine Gemeinschafts-Regelung geben würde.

Also entschieden sie sich zähneknirschend für den mageren Kompromiß, was ihnen dann als politische Schwäche ausgelegt wurde. Zumindest im ökonomischen Kernbereich der Integration gehört dieses "Friß'-oder-stirb'"-Dilemma künftig aber weitgehend der Vergangenheit an. Hier wird es künftig mehr und mehr um die Änderung bereits bestehender Regelungen gehen, also nicht mehr darum, der Gemeinschaft neue Tätigkeitsfelder zu erschließen. Wenn aber die Entscheidung, ob die Gemeinschaft überhaupt regelnd tätig werden darf und soll, bereits gefallen ist, können die Abgeordneten damit nicht mehr erpreßt werden. Andererseits wird ihre Vetomöglichkeit zur handhabbaren politischen Waffe. Da gegen ihr Veto viele Änderungen am Gemeinschaftsrecht nicht mehr möglich sein werden, können die Abgeordneten für ihre Zustimmung künftig jeweils einen politischen Preis festsetzen, also den Spieß umdrehen und nun ihrerseits Ministerrat und Europäische Kommission in die "Friß'-oder-stirb'"-Position zwingen.

3. Der Vertrag von Maastricht macht eine Gewichtsverschiebung im Entscheiungsdreieck der Union (Kommission - Rat - Parlament) zu Lasten des Rates möglich und wahrscheinlich. Die Europäische Kommission ist künftig in weit höherem Maß vom Parlament abhängig als bisher. Sie wird zwar nach wie vor von den Mitgliedstaaten im Einvernehmen ernannt, braucht aber zuvor zwingend ein zustimmendes Votum der Mehrheit des Parlaments. Dies stärkt den Einfluß der Abgeordneten auf die Politik der Kommission, aber auch die Unabhängigkeit der Kommissare gegenüber den Mitgliedstaaten.

Wahrscheinlich ist, daß der Rat künftig häufig in eine Position gerät, die jeder Skatspieler fürchtet: zwischen zwei starke Spieler (Kommission und Parlament), die gut kooperieren. Als Trumpf kann die Kommission dabei vor allem ihr nach wie vor vertraglich garantiertes Vorschlagsmonopol im Rechtsetzungsverfahren ausspielen und so entscheiden, was als Diskussionsgrundlage auf den Tisch des Rates kommt. Trumpf der Abgeordneten ist künftig ihre Veto-Drohung, wenn der Rat die Vorschläge der Kommission zu sehr verwässern sollte. War die Kommission bisher vor allem mit der frustrierenden Suche nach dem kleinsten gemeinsamen Nenner für den Rat beschäftigt, so kann sie künftig mit dem Parlament eine Integrations-Allianz bilden - zumindest immer dann, wenn Entscheidungsdruck besteht und der Rat sich nicht durch Vertagen aus der Affäre ziehen kann.

Es spricht also einiges dafür, daß der Riese Europäisches Parlament sich in den nächsten Jahren endgültig von seinen Fesseln befreit und zu einem auch für die Öffentlichkeit wahrnehmbar kraftvollen Akteur der europäischen Integration wird. Ob dies begründet oder Wunschdenken ist, mag der Leser nach Lektüre der folgenden Kapitel selbst entscheiden.

Nach einem kurzen, aber für das Verständnis des Heutigen unerläßlichen historischen Rückblick geht es zunächst um eine Art Inventur des Europäischen Parlaments am Ende seiner dritten Wahlperiode. Wie haben die Abgeordneten ihre Arbeit in diesem multikulturellen Experiment organisiert, wo liegen ihre Aktionsmöglichkeiten und wo deren Grenzen? Kurz: Woran müssen, woran können die im Juni 1994 neu zu wählenden Abgeordneten anknüpfen?

Relativ breiten Raum nimmt sodann ein wunder Punkt ein, den das Bundesverfassungsgericht in seinem Maastricht-Urteil angesprochen hat: die Frage des fehlenden einheitlichen Wahlverfahrens. Das ist nicht nur negativ zu bewerten, läßt es doch Gestaltungsspielraum - zum Beispiel für eine Reform des Ende der 70er Jahre erklärtermaßen nur als Provisorum beschlossenen deutschen Europawahlrechts. Das Maastricht-Urteil wird auch in einigen grundsätzlicheren Überlegungen zum sogenannten Demokratiedefizit der Europäischen Union noch einmal aufgegriffen. Den beiden Schlüsselthemen der nächsten Jahre - Erweiterung und Vertiefung der Union - ist ein Kapitel gewidmet. Am Ende steht dann ein Vorschlag an die Adresse der neuen Europaabgeordneten, ihre Wahlperiode mit einem Paukenschlag zu beginnen: mit einer Kampfabstimmung über den neu zu ernennenden Präsidenten der Europäischen Kommission.

2. Am Anfang war kein Parlament: Der lange Weg zur europäischen Demokratie

"In der Überzeugung, daß die gegenwärtige Zersplitterung Europas in souveräne Einzelstaaten die europäischen Völker von Tag zu Tag mehr in Elend und Unfreiheit führen muß, tritt der in freien Wahlen berufene Bundestag der Bundesrepublik Deutschland für einen europäischen Bundespakt ein, wie ihn Präambel und Artikel 24 des Grundgesetzes für die Bundesrepublik Deutschland vorsieht. Dieser Bundespakt soll

1. eine übernationale Bundesgewalt schaffen, die sich auf allgemeine, unmittelbare und freie Wahlen gründet und über gesetzgebende, ausübende und richterliche Kompetenzen verfügt,
2. diese Gewalt mit allen Befugnissen ausstatten, die erforderlich sind, um
   a) die wirtschaftliche Einheit Europas auf der Grundbasis sozialer Gerechtigkeit herbeizuführen,
   b) eine gemeinsame europäische Außenpolitik zu ermöglichen, die dem Frieden in der Welt dient,
   c) die Gleichheit der Rechte aller europäischen Völker herzustellen und weiterhin zu sichern,
   d) die Grundrechte und menschlichen Freiheiten der europäischen Bürger zu garantieren und unter Rechtsschutz zu stellen."

(Der Deutsche Bundestag am 26.7.1950)[1]

Wer heute diese Entschließung liest, die die Abgeordneten des Deutschen Bundestages im Sommer 1950 wenige Monate nach Inkrafttreten des Grundgesetzes mit allen Stimmen gegen vier kommunistische angenommen haben, der kann etwas von der europäischen Aufbruchstimmung erahnen, die seinerzeit herrschte. Die Katastrophe von zwei Weltkriegen innerhalb von 30 Jahren hatte übersteigerten Nationalismus, ja die Nationalstaaten selbst desavouiert und in Frage gestellt. Gerade in Deutschland - aber nicht nur dort - suchten viele nach einem neuen Leitbild und fanden es in der Europa-Idee. Eine europäische Friedensgemeinschaft sollte entstehen, die das sichern würde, was die Nationalstaaten untereinander nicht hatten bewahren können: den Frieden. Dazu kamen die Notwendigkeit eines schnellen Wiederaufbaus, der Zwang, der Expansionspolitik Stalins etwas entgegenzusetzen, der Wunsch (auch der maßgeblichen deutschen Politiker), Deutschland einbinden und damit dauerhaft "zähmen" zu können.

---

[1] Zitiert bei *Siegler* (1968), 1.

Dazu kam die Hoffnung, daß Europa zwischen den beiden Supermächten USA und Sowjetunion eine eigenständige Rolle würde spielen können. Auch dies schien nur möglich bei einer Einigung Europas. Und diese Einigung sollte ein solides demokratisches Fundament haben. Denn das war ja auch eine Lehre aus dem 2. Weltkrieg, daß die Demokratie trotz ihrer Schwächen am Ende stärker ist als Diktatur und Tyrannei.

Vor diesem Hintergrund waren die ersten Jahre nach 1945 geprägt von einer Aufbruchstimmung. Kühne Pläne wurden geschmiedet, denen vor allem Winston Churchill in seiner berühmten Züricher Rede vom 19. September 1946 mit der Forderung nach Gründung der "Vereinigten Staaten von Europa" die Richtung wies.

Auf dem historischen Haager Kongreß der Europäischen Bewegung im Mai 1948 kam auch der Vorschlag auf den Tisch, ein Europäisches Parlament direkt wählen zu lassen. Er wurde von den Franzosen Paul Reynaud und Edouard Bonnefous gemacht, scheiterte aber im Politischen Ausschuß des Kongresses mit 19 gegen 29 Stimmen und bekam dann in der Vollversammlung nur noch die Zustimmung von sechs der insgesamt 800 Teilnehmer.[2] Gegen Direktwahlen ins Feld geführt wurden vor allem "technische" Probleme, zum Beispiel strittige Fragen des anzuwendenden Wahlrechts. Der wahre Grund für die damalige Ablehnung dürfte aber wohl gewesen sein, daß die in allen Ländern gemeinsame und direkte Wahl eines Europäischen Parlaments auch eine Rehabilitierung der Deutschen bedeutet hätte. Dafür war es drei Jahre nach Kriegsende wohl zu früh.

So waren es aus der Mitte der nationalen Parlamente entsandte Abgeordnete (die Deutschen stießen erst 1950 dazu), die am 10. August 1949 zur konstituierenden Sitzung der Parlamentarischen Versammlung des Europarates zusammentraten. Es war die erste transnationale europäische Versammlung, und die Parlamente der zehn beteiligten Staaten hatten ihre politische Spitzengarnitur nach Straßburg geschickt. Diese Parlamentarische Versammlung erklärte sogleich, "daß Zweck und Ziel des Europarats die Schaffung einer europäischen politischen Autorität mit begrenzten Funktionen, aber echten Vollmachten ist."[3] Dieser Satz enthielt schon eine Menge Selbstbeschränkung, bedenkt man, daß in jenen Jahren die Forderung nach einer Europäischen Verfassungsgebenden Versammlung, einer europäischen Konstituante, in allen nationalen Parlamenten zahlreiche Anhänger hatte.

---

[2] Siehe dazu *Burban* (1979), 4.

[3] Zitiert bei *Lipgens* (1986), 279.

Trotz dieser Zurückhaltung stieß die Parlamentarische Versammlung mit ihren Vorstellungen im Ministerkomitee des Europarates auf Widerstand, scheiterte insbesondere am Veto der britischen Regierung. Die Briten hatten im Verein mit den skandinavischen Ländern schon beim Aushandeln der Statuten des Europarates dafür gesorgt, daß der Versuch, ihn zum Gerüst eines föderal organisierten Europa zu machen, scheitern mußte.

Druckmittel hatten die Parlamentarier des Europarates nicht in der Hand, sie konnten lediglich Entschließungen und Empfehlungen formulieren, an die die Vertreter der Regierungen im Ministerkomitee nicht gebunden waren. So aber konnte der Europarat nicht Motor der europäischen Einigung werden, der erste Anlauf zur europäischen Demokratie war zum Scheitern verurteilt.

Der zweite Anlauf begann am 9. Mai 1950, als der französische Außenminister Robert Schuman die Gründung einer Montanunion vorgeschlug. Kohle- und Stahlprodukion, also die Basis der Rüstungsindustrie, sollten unter gemeinsame Kontrolle gestellt werden. Der Vorschlag richtete sich in erster Linie an die Deutschen, an die Adresse der jungen Bundesrepublik. Die Schaffung einer Produktionsgemeinschaft gerade auf diesem Feld sollte bekunden, daß ein erneuter Krieg zwischen den beiden Ländern künftig nicht nur undenkbar, sondern auch materiell unmöglich sein würde.

Diese Gemeinschaft sollte den anderen europäischen Staaten zum Beitritt offen stehen, aber die Integrationsziele waren so weitgehend formuliert, daß sie der britischen Regierung unakzeptabel erscheinen mußten. Tatsächlich beteiligten die Briten sich schließlich nicht, und so kam es zur "kleinen Lösung" eines Europa der Sechs (Benelux-Staaten, Deutschland, Frankreich, Italien). Im Sommer 1952 trat der Vertrag über die Gründung der Europäischen Gemeinschaft für Kohle und Stahl (EGKS) in Kraft. Am 10. September 1952 kamen die 78 Mitglieder der Parlamentarischen Versammlung der EGKS, sie wurde Gemeinsame Versammlung genannt, in Straßburg zu ihrer ersten Sitzung zusammen.

Auch die Gemeinsame Versammlung war nicht direkt gewählt, sondern aus den nationalen Parlamenten delegiert. Auch sie hatte keine Entscheidungskompetenz, sondern vor allem beratende Funktion. Und trotzdem sah es anfangs so aus, als ob ihr gelingen könnte, was der Parlamentarischen Versammlung des Europarates verwehrt worden war: die Ausarbeitung einer europäischen Verfassung. Einen entsprechenden Auftrag dazu erhielten die Parlamentarier der EGKS von den Außenministern der Sechs bereits einen Tag nach ihrer konstitutierenden Sitzung. Sie sollten einen Vertragsentwurf zur Gründung einer Europäischen Politischen Gemeinschaft (EPG) ausarbeiten.

Diese EPG sollte die Europäische Verteidigungsgemeinschaft (EVG) ergänzen, deren Gründungsverträge zu diesem Zeitpunkt bereits unterschrieben, aber noch nicht ratifiziert waren. Unter der Leitung des deutschen Abgeordneten (und damaligen Vorsitzenden der CDU/CSU-Bundestagsfraktion) Heinrich von Brentano machte sich der Verfassungsausschuß der Versammlung ans Werk und legte sechs Monate später einen fertigen Entwurf vor. Dieser Entwurf griff auch die Idee europäischer Direktwahlen wieder auf. Er sah ein aus zwei Kammern be-stehendes Parlament vor: eine direkt gewählte Völkerkammer und einen aus den nationalen Parlamenten beschickten Senat. Mit dem Scheitern der EVG in der französischen Nationalversammlung war auch die EPG hinfällig, der Verfassungsentwurf wanderte in die Archive.

Nach dem Scheitern der EVG 1954 war das Projekt einer politischen Einigung Europas zunächst vom Tisch. Ein neuer Anlauf zu weiterer Integration wurde in den folgenden Jahren mit der Gründung der Europäischen Wirtschaftsgemeinschaft (EWG) und der Europäischen Atomgemeinschaft (EAG, auch: Euratom) gemacht, niedergelegt in den Römischen Verträgen am 25. März 1957.

Aber diese Verträge brachten keine Stärkung des parlamentarischen Einflusses. Im Gegenteil, eine Zeitlang sah es danach aus, daß es für jede der drei europäischen Gemeinschaften eine eigene Versammlung geben würde.[4] Eine solche Zersplitterung konnte schließlich verhindert werden. Aber die dann geschaffene "Einzige Versammlung" blieb ein vor allem beratendes Gremium mit Kontroll-, aber ohne Entscheidungsbefugnis. Auch die Direktwahl der Abgeordneten wurde auf später verschoben und zudem von einem einstimmigen Votum der Mitgliedstaaten abhängig gemacht. Warum also auch hier wieder so viel Zurückhaltung, wenn es darum ging, dem europäischen Einigungsprozeß eine demokratische Basis, ein parlamentarisches Rückgrat zu geben? Dabei dürften eine ganze Reihe von Gründen eine Rolle gespielt haben:

1. Weil weniger die europäische Einigung als solche, aber ihr wirklich nötiges Ausmaß höchst umstritten war, vermieden die Verfasser der Römischen Verträge die Schaffung herausgehobener Institutionen, die insbesondere in Frankreich heftige Attacken im Namen der nationalen Unabhängigkeit ausgelöst hätten. Mit der Entscheidung, die weitere Integration zunächst auf dem Feld der Wirtschaft zu versuchen, hatte man sich im Verständnis vieler bereits für einen vermeintlich "unpolitischen" Umweg entschlossen, der sollte nicht durch weitreichende institutionelle Beschlüsse wieder gefährdet werden.

---

[4] Siehe dazu *Heidelberg* (1959), 25.

Der französische Wissenschaftler Georges Vedel schrieb über diesen "unpolitischen Umweg" im Rückblick:

"Ein zu großes Gewicht der Versammlung hätte auf einen Grad der Integration hingedeutet, der unter den damaligen Umständen politisch nicht akzeptiert worden wäre. Hätte man auch noch die direkte Wahl dieses Parlaments in Betracht gezogen, so hätte man die nationalen Abgeordneten vor eine Reihe gesellschaftlicher und beruflicher Probleme (Prestigeverlust für die nationalen Mandate, Gefahr einer Entscheidung zwischen der nationalen Politik und der Gemeinschaftspolitik) gestellt, die der Schaffung Europas mehr geschadet als genutzt hätten."[5]

2. Diejenigen, die die europäische Integration auf das Feld der Wirtschaft begrenzt sehen wollten, zogen vielfach Sinn und Funktion einer parlamentarischen Versammlung von Politikern in diesem Zusammenhang grundsätzlich in Zweifel. Es schien sinnvoller, sich Beratung und Sachverstand aus der Wirtschaft zu sichern. Dieser Denkansatz fand seinen Niederschlag in der Schaffung des Wirtschafts- und Sozialausschusses der EG, einem beratenden Gremium, in dem Wirtschaft, Industrie, Gewerkschaften und andere wichtige Interessenverbände vertreten sind.

3. Man tut ihnen gewiß nicht unrecht, wenn man die Männer der ersten Stunde in den europäischen Institutionen als aufgeklärte Technokraten bezeichnet. So war Jean Monnet, Inspirator des Schuman-Planes und später erster Präsident der EGKS, nach Kriegsende zunächst Leiter der einflußreichen französischen Planungsbehörde. Und der Deutsche Walter Hallstein, der erste Präsident der EWG-Kommission, vertraute ebenfalls sehr auf die "Sachlogik", die "stärker ist als die Willkür der politischen Gewalten".[6]

Hinter Formulierungen wie dieser steckte die Annahme, daß die europäische Integration - einmal in Gang gebracht - beinahe zwangsläufig immer weitere Kreise ziehen und immer mehr Bereiche von Wirtschaft und Gesellschaft erfassen und umgestalten würde. Die Fortschritte in der europäischen Integration würden früher oder später beinahe zwangsläufig zu einer Stärkung des Parlaments führen, spätestens in dem Moment, in dem alle der weitreichenden Umwälzungen durch den europäischen Integrationsprozeß gewahr würden. Die Rolle des Motors und Vorreiters in diesem Prozeß sollten aber nicht die Parlamentarier übernehmen, sondern eine Elite von Fachleuten in der Hohen Behörde der EGKS und in der EWG-Kommission. Weder Hallstein noch Monnet waren allerdings antiparlamentarisch.

---

[5] *Vedel* (1975), 275.

[6] *Hallstein* (1979), 22.

Ein Grund dafür, warum Hallstein mit dem französischen Staatspräsidenten de Gaulle in den 60er Jahren in Konflikt geriet und schließlich zum Aufgeben gezwungen wurde, war, daß er sich für eine Stärkung der Rechte des Europäischen Parlaments eingesetzt hatte.

4. Der Parlamentarismus stand in den Gründerstaaten der Europäischen Gemeinschaften nicht überall in hohem Ansehen. Vielfach wurde Parlamentarismus mit Parteienherrschaft gleichgesetzt und wegen deren Auswüchsen mit Mißtrauen und Abneigung betrachtet. Das gilt insbesondere für Frankreich, das in den Jahren der Römischen Verträge ja auch den durchaus dramatischen Übergang von der IV. zur V. Republik vollzog.

Ein Wesensmerkmal des von de Gaulle seinerzeit durchgesetzten präsidentiellen Systems war die teilweise Entmachtung der französischen Nationalversammlung. Warum also sollte man den Parlamentarismus auf europäischer Ebene ausbauen, wo man doch im eigenen Land gerade dabei war, ihn zu beschneiden? Und warum sollte man darauf vertrauen, daß Parlamentarier zum Motor der europäischen Integration werden könnten, wo doch der EVG-Vertrag (und mit ihm in der Konsequenz der EPG-Vertrag und das kühne Projekt einer politischen Integration) in einem Parlament, nämlich in der französischen Nationalversammlung, gescheitert war?

All dies trug dazu bei, daß die 142 Abgeordneten der parlamentarischen Versammlung der Europäischen Gemeinschaften nur mit bescheidenen, fast ausschließlich beratenden Befugnissen ausgestattet wurden. Aber die Abgeordneten signalisierten bei ihrer konstituierenden Sitzung sogleich, daß sie sich damit nicht zufriedengeben wollten. Das bekamen zunächst die Außenminister der Sechs zu spüren. Die hatten öffentlich empfohlen, den Italiener Gaetano Martino zum ersten Präsidenten der Versammlung zu wählen. Daraufhin wählten die Abgeordneten am 19. März 1958 demonstrativ und um die eigene Souveränität zu unterstreichen den Franzosen Robert Schuman. Zwei Tage später gingen sie ebenso demonstrativ daran, ihr Gremium, das in den Verträgen "Die Versammlung" hieß, in "Europäisches Parlament" umzutaufen. Zunächst erfolgte die Umbenennung in holländischer und deutscher Sprache, vier Jahre später wurde auch aus der französischen "Assemblée" und der italienischen "Assemblea" per Parlamentsbeschluß ein "Parlement"/"Parlamento".

Wenn sie schon nicht die Funktionen eines echten Parlaments wahrnehmen durften, so legten die Abgeordneten von Anfang an umso größeren Wert darauf, daß in ihrem Europäischen Parlament zumindest die parlamentarischen Formen peinlich genau respektiert wurden.

Der Christdemokrat Hans Furler, erster Deutscher an der Spitze der Gemeinsamen Versammlung der EGKS und in der Nachfolge Schumans auch Präsident des Europäischen Parlaments, erläutert dies in seinen Erinnerungen:

"Die Gemeinsame Versammlung und später das Europäische Parlament legten größten Wert darauf, alles zu vermeiden, was nicht im Einklang stand mit echten parlamentarischen Formen. Ich kämpfte schon in der Gemeinsamen Versammlung gegen den oft vorgebrachten Wunsch, im neuen Parlament die Arbeit der Mitglieder durch Stellvertreter zu erleichtern, wie sie in der Beratenden Versammlung des Europarates ernannt werden. Es widerspricht der parlamentarischen Grundkonzeption, dem Mitglied eines Parlaments einen Vertreter zu geben."[7]

Wer wenig Macht in die Wagschale werfen kann, muß umso mehr auf die Einhaltung der Formen pochen, wenn er sich nicht selbst aufgeben will. Dieser Mechanismus wirkte auch im Europäischen Parlament. Das ist von der Öffentlichkeit häufig mißverstanden worden und gipfelte in dem Vorwurf, dieses Parlament sei ein großangelegtes Täuschungsmanöver, das parlamentarische Formen vorgaukeln, aber ohne wirklichen Inhalt, ohne Funktion bleiben solle, es handele sich "um ein Schulbeispiel von Scheinparlamentarismus und Scheindemokratie"[8] Zumindest aus der Sicht der beteiligten Abgeordneten war das nicht der Fall. Sie wollten mit ihrem Beharren auf parlamentarischen Formen ihren Anspruch auf mehr Rechte und Gestaltungsmöglichkeiten unterstreichen. So gingen sie sehr bald an die Erarbeitung eines Vertragsentwurfs zur Einführung von Direktwahlen. Dieser Entwurf war am 17. Mai 1960 fertig, scheiterte aber an de Gaulle. Der französische Staatspräsident stürzte die Gemeinschaft in den 60er Jahren in ihre bis heute schwerste Krise. Er verhinderte den Beitritt Großbritanniens, lähmte durch eine Politik des leeren Stuhls zeitweise den Ministerrat und erzwang dort ein Veto-Recht. Und er blockierte eben auch Direktwahlen zum Europäischen Parlament. Wenn davon überhaupt noch die Rede war, dann erschöpfte sich dies lange Zeit in dem spitzfindigen Streit, ob das Parlament zunächst direkt gewählt werden müsse oder ob es wichtiger sei, es zunächst mit mehr Macht auszustatten. Ein circulus vitiosus, den der niederländische Abgeordnete Schelto Patijn 1977 so beschrieb:

"Bereits viel zu lange haben Gegner der unmittelbaren Wahlen uns vorgehalten, das Europäische Parlament müsse zunächst mehr Befugnisse haben, bevor eine solche Wahl möglich sei, während dieselben Gegner dem Parlament diese Befugnisse mit dem ironischen Argument vorenthielten, wir seien nicht direkt gewählt worden."[9]

---

[7] *Furler* (1963), 27.

[8] *Riklin* (1972), 389.

[9] *EP* (1977), 7.

Als Patijn diese Sätze schrieb, war der Teufelskreis bereits durchbrochen, am 20. September 1976 hatten sich die Mitgliedstaaten nach zähen Verhandlungen auf die ersten Direktwahlen zum Europäischen Parlament verständigt. Möglich geworden war dies vor allem deshalb, weil der französische Staatspräsident Giscard d'Estaing die Blockadepolitik seiner Vorgänger de Gaulle und Pompidou in dieser Frage aufgegeben hatte. Giscard hatte zuvor allerdings eine andere institutionelle Reform erreicht: die Aufwertung der Rolle der Staats- und Regierungschefs der Gemeinschaft, die seit 1974 auch offiziell regelmäßig als Europäischer Rat tagten.

Damit war schon vor der Direktwahl eine Art institutionelles Gegengewicht zum Europäischen Parlament geschaffen. Und tatsächlich ist es bis heute der mindestens halbjährlich zusammentretende Europäische Rat der Staats- und Regierungschefs, der in der EG die entscheidenden Weichenstellungen vornimmt und schwierige Streitfragen zu lösen vermag. Der Beschluß über die Direktwahl war zudem ausdrücklich nicht mit einer vertraglichen Erweiterung der Kompetenzen des Europäischen Parlaments verbunden. Trotzdem wurde allgemein erwartet, daß die Direktwahl des Parlaments zu einer Stärkung seines Einflusses führen würde. Der SPD-Abgeordnete Schäfer sprach für viele, als er in der Debatte des Bonner Bundestages zum neuen Europawahlrecht sagte:

> "Am Anfang gab es große Debatten über die Frage der Kompetenzen (...). Ich bin froh, daß man diese Frage ausgeklammert hat. Denn nach meiner Überzeugung wird es an diesem künftigen einzigen originär legitimierten Organ in Europa liegen, sich durch seine Leistungen die richtige Position zu erarbeiten. Die Aufgabe dieses Europäischen Parlaments wird es sein, politische Führung in die Hand zu nehmen und politisch integrierend zu wirken. Durch ein direkt gewähltes gesamteuropäisches Parlament muß das große Übel überwunden werden, das uns derzeit allen zu schaffen macht (...), nämlich daß auf europäischer Ebene nationale Politik gemacht wird. (...) Wenn das Parlament dies schafft, wenn es sich auf das begrenzt, was europäische Politik sein muß, dann ist die Frage des Budgetrechts, die Frage der Gesetzgebung automatisch, möchte ich fast sagen, eine Folge dieser Position. Kein anderes, bürokratisch arbeitendes Organ in der Europäischen Gemeinschaft kann sich dann dem entziehen, daß das Organ 'Europäisches Parlament' die Rechte eines Vollparlaments an sich zieht und ausübt. Das ist unser Ziel."[10]

Tatsächlich konzentrierten sich die im Juni 1979 direkt gewählten 410 Abgeordneten aus damals noch neun Mitgliedstaaten zunächst auf die Frage ihrer Kompetenzen. Im Streit um den Haushalt der Gemeinschaft wurde die Kraftprobe mit dem Rat gesucht. Und die Abgeordneten machten sich daran, einen Verfassungsentwurf auszuarbeiten - ein Versuch, eine tiefgreifende institutionelle Reform der Gemeinschaft anzustoßen.

---

[10] Plenarprotokoll vom 26.5.77, Nr. 8/29, 2041.

Davon wurden nur Bruchstücke Wirklichkeit, aber die Einheitliche Europäische Akte des Jahres 1987 stärkte die Mitwirkungsmöglichkeiten der Parlamentarier gerade in Fragen der Ausgestaltung des Europäischen Binnenmarktes. Die erfolgreiche Mitwirkung am Binnenmarktprojekt '92 bestimmte die Arbeit der Abgeordneten in der zweiten Hälfte der 80er Jahre.

Seither haben institutionelle Fragen wieder größeres Gewicht: Maastricht, das längst nicht alle Wünsche des Parlaments erfüllt, aber den politischen Durchbruch für die europäische Völkervertretung in greifbare Nähe gerückt hat. Und die anstehende Erweiterung der Union, die kaum ohne eine institutionelle Reform machbar scheint. Hier ist insbesondere das Parlament herausgefordert, dessen Arbeitsfähigkeit dabei auf dem Spiel steht. Eine neue Verfassungsdiskussion mit Blick auf die Revision der Maastricht-Verträge 1996 hat im Parlament begonnen - ob erneut nur für Schubladen und Archive, werden die nächsten Jahre zeigen.

3. Europaabgeordneter: Prototyp des überflüssigen Politikers?

Warum ist Franz Schönhuber in Deutschland der bekannteste Europaabgeordnete? Die Probe auf dieses Exempel ist noch nicht gemacht worden. Aber wenn einem repräsentativen Querschnitt der Deutschen die Namensliste ihrer 81 Europaabgeordneten vorgelegt würde, dann dürfte der Chef der Republikaner im Bekanntheitsgrad vorne liegen. Mithalten könnten wohl nur zwei andere Abgeordnete: der frühere Bonner Regierungssprecher und Botschafter bei den Vereinten Nationen Rüdiger von Wechmar, der für die Liberalen im Europäischen Parlament sitzt. Und der inzwischen über 80jährige Otto von Habsburg, seit 1979 für die CSU Abgeordneter in Straßburg.

Aber wer weiß schon, daß der einflußreichste Deutsche im Europäischen Parlament Egon Klepsch heißt? Schon 1973, also schon vor den ersten Direktwahlen, war Klepsch (damals noch vom Bundestag delegiert) im Europäischen Parlament und über Jahre hinweg war er dort später Fraktionsvorsitzender der Christdemokraten. Aber auch seine Wahl zum Präsidenten des Parlaments im Januar 1992 brachte dem CDU-Politiker aus Koblenz zu Hause in der nationalen politischen Arena nicht den großen Durchbruch in den Medien. Dabei wäre er in seiner Position der geborene Gesprächspartner zur seit Maastricht auch in Deutschland heiß umstrittenen Europapolitik.

Und wer kennt Hans Peters, die graue Eminenz der sozialdemokratischen Europaabgeordneten und seit 1989 einer der vierzehn Vizepräsidenten des Parlaments? Auch der Gewerkschafter aus Nordrhein-Westfalen hat im Machtgefüge des EP eine Schlüsselposition, das wissen Insider, aber auch ihm bleibt in der deutschen Öffentlichkeit die große Resonanz versagt.

Breite politische Bekanntheit in Deutschland war durch Arbeit im Europäischen Parlament bisher offensichtlich nicht zu erlangen, das ließe sich mit weiteren Beispielen belegen. Eine Politiker muß seine Bekanntheit nach Straßburg und Brüssel mitbringen, gewinnen kann er sie dort nicht. 1979, bei den ersten Direktwahlen, gab es sie deshalb noch, die politischen Zugpferde, die einem breiten Publikum bereits bekannt waren.

An der Spitze der Sozialdemokraten ihr damaliger Vorsitzender Willy Brandt, DGB-Chef Heinz Oskar Vetter und Heinz Kühn, der frühere Ministerpräsident von Nordrhein-Westfalen. Bei den Christdemokraten an der Spitze der frühere Bonner Sozialminister und Vorsitzende der CDU-Sozialausschüsse Hans Katzer, der frühere Verteidigungsminister und Bundestagspräsident Kai Uwe von Hassel und Paul Schnitker, der Präsident des Zentralverbandes des deutschen Handwerks; für die CSU Bayerns langjähriger Ministerpräsident Alfons Goppel. Die meisten von ihnen hatten den Zenit ihrer politischen Laufbahn bereits überschritten, aber sie konnten allesamt beträchtliches politisches Ansehen in die Wagschale werfen, von dem das neue Parlament profitierte.

Inzwischen gibt es aus beiden großen deutschen Volksparteien keinen Spitzenpolitiker mehr, der Abgeordneter im Europäischen Parlament ist. Und auch die Kandidatenlisten von CDU und SPD für die Europawahl am 12. Juni 1994 lassen nicht darauf schließen, daß sich im neuen Parlament daran etwas ändern wird.

Damit fallen die deutschen Parteien in der Auswahl ihres politischen Personals für das Europäische Parlament in signifikanter Weise aus dem Rahmen. Unter den 1989 gewählten insgesamt 518 Europaabgeordneten war nämlich beinahe jeder neunte schon einmal Minister in der nationalen Regierung seines Heimatlandes: 16 in Frankreich, jeweils acht in Italien und in Spanien, sechs in Belgien, fünf in Irland und jeweils vier in Portugal, Griechenland und Dänemark.[1] Nur unter Deutschen und Briten war kein einziger, der schon einmal ein wichtiges Regierungsamt innehatte.

Im Kontrast dazu sticht insbesondere das französische Beispiel ins Auge. Obwohl den Franzosen in Deutschland gerne nachgesagt wird, daß sie nicht sonderlich viel von einem starken Europäischen Parlament halten, haben französische Spitzenpolitiker im Gegensatz zu ihren deutschen Kollegen offenbar wenig Scheu, dort ein Mandat anzunehmen. Hervorstechendes Beispiel ist der frühere Staatspräsident Giscard d'Estaing. Und als der französische Ministerpräsident Balladur nach dem überwältigenden Wahlsieg der bürgerlichen Parteien im Frühjahr 93 seine Ministerriege vorstellte, fanden sich auch Europaabgeordnete in wichtigen Positionen wieder: Simone Veil als Sozialministerin, Alain Lamassoure als Europaminister. Das Europäische Parlament ist also für französische Politiker Sprungbrett zurück in Schlüsselpositionen der nationalen Politik.

---

[1] Zahlen bei *Jacobs/Corbett/Shackleton* (1992), 47.

Daß die Mitgliedschaft im Europäischen Parlament nicht zwangsläufig zum innenpolitischen Mauerblümchendasein zwingt, läßt sich auch mit einem anderen Beispiel belegen: Von den 1989 gewählten 518 EP-Abgeordneten hatten insgesamt 24 Spitzenpositionen (als Vorsitzende, Generalsekretäre oder Nationale Sekretäre) ihrer nationalen Parteien inne, allerdings auch hier wieder mit einer sehr ungleichen Verteilung, was die Herkunftsländer betrifft: sechs kamen aus Italien, fünf aus Frankreich, vier aus Spanien, zwei aus Portugal und jeweils nur einer aus Belgien, Dänemark, den Niederlanden und aus der Bundesrepublik - der eingangs bereits erwähnte Franz Schönhuber.

Daß die deutschen Europaabgeordneten von ihrer nationalen politischen Arena zu Hause offenbar stärker abgekoppelt sind als viele ihrer Kollegen aus anderen Ländern, muß also spezifisch deutsche Gründe haben: Nur auf den ersten Blick wenig schmeichelhaft für das Europäische Parlament, aber in Wahrheit eher bezeichnend für den Zustand der politischen Klasse in Deutschland ist die Vermutung, daß sich deren erste Garnitur für die Aufgabe als Europaabgeordneter einfach zu schade ist. Das Europäische Parlament steht nicht nur in der breiten deutschen Öffentlichkeit, sondern auch innerhalb der Parteien in dem Ruf, eine ziemlich machtlose Versammlung zu sein. Warum sollte ein Politiker mit Ambitionen sich dort verschleißen lassen? Zumal sich herumgesprochen hat, daß die Aufgabe als Europaabgeordneter sehr zeitraubend ist, zeitraubender als ein Bundestagsmandat, und deshalb vergleichsweise wenig Zeit läßt, zu Hause auf den Kurs der eigenen Partei und auf das eigene Fortkommen in ihr Einfluß zu nehmen.

Und schließlich gilt für das Europäische Parlament, was auch im Bundestag zu spüren ist: Das politische System der Bundesrepublik mit seiner ausgeprägten föderalen Struktur bietet viele Möglichkeiten, sich in der Exekutive zu profilieren. In nicht weniger als 16 Landesregierungen sind Ministerpräsidenten- und rund 200 Ministerposten zu besetzen. Der Weg über die Landeskabinette führt in der Regel schneller und mit größerer Wahrscheinlichkeit nach ganz oben als das Abgeordnetenmandat. Regierungserfahrung zählt in Deutschland mehr als Parlamentserfahrung, egal ob die im Bundestag oder im Europäischen Parlament erworben wird. Hinzu kommt, daß in Deutschland trotz aller gegenteiligen Lippenbekenntnisse Erfahrung und Ansehen auf der internationalen Ebene weniger hoch im Kurs stehen als in anderen EG-Staaten.

Eine Rolle spielt womöglich auch, daß im Europäischen Parlament ein Politikstil gefordert ist und gepflegt wird, der sich vor allem mit Begriffen wie Zuhörenkönnen, sich Einlassen auf andere (politische) Kulturen, mühsame Suche nach Kompromissen, geduldige Sach- und Kleinarbeit in Fachausschüssen umschreiben läßt.

Für rethorische Talente ist das keine besonders geeignetes Umfeld, das Europäische Parlament ist vor allem Arbeitsparlament. Wer mediengerecht auf sich aufmerksam machen will, findet anderswo besser geeignete Bühnen. Zumal das Thema Europa zumindest bis Anfang der 90er Jahre in Deutschland kaum Stoff für Kontroversen bot, denen die Medien Aufmerksamkeit schenkten. Zum Tragen kommt schließlich, daß das Europäische Parlament unter Parteifreunden immer noch augenzwinkernd als Möglichkeit gilt, jemanden loszuwerden: Straßburg als Verschiebebahnhof. Das hat Bundeskanzler Kohl in der Maastricht-Debatte des Bonner Bundestages recht unverblümt angesprochen, als er eine Verbesserung der Position des Europäischen Parlaments in der deutschen Öffentlichkeit forderte:

> "Vielleicht können wir alle auch einen ganz persönlichen Beitrag leisten - ich sage das auch als Vorsitzender meiner Partei-, wenn wir in den Parteien dazu übergingen, auch die Arbeit der Abgeordneten im Europäischen Parlament besser zu würdigen, und wenn der gelegentliche Soupçon aufhörte: 'Der geht nach Straßburg', mit all den Konsequenzen im innerparteilichen Betrieb: Wer geht nach Straßburg? Wer sollte nach Straßburg gehen, damit er weder in Bonn noch in einer Landeshauptstadt anderen in die Quere kommt? Dies sollte offen ausgesprochen werden: Wer so denkt und so handelt, darf sich nicht wundern, wenn die Öffentlichkeit eine entsprechende Reaktion zeigt."[2]

Klatschen ist Wiedererkennen, das Plenarprotokoll verzeichnet an dieser Stelle "Beifall bei der CDU/CSU und der FDP sowie bei Abgeordneten der SPD". Die eben aufgezählten Faktoren wirken mit unterschiedlichem Gewicht, das Resultat ist aber eindeutig: Das Europäische Parlament bleibt in Deutschland weitgehend profillos, weil die bekannten Köpfe fehlen, an denen sich die Bürger in der Mediendemokratie orientieren. So gelingt hierzulande gerade nicht, was eine besondere Chance und Aufgabe des Parlaments sein könnte: Europapolitik ihrer Anonymität zu entreißen. Das in Deutschland vielbeschworene Demokratiedefizit der Gemeinschaft hat hier eine seiner zähesten Wurzeln.

Der Ausweg, das mangelnde Echo in den Medien durch politische Arbeit in der Breite und forcierte Präsenz an der Basis wettzumachen, ist versperrt. Das Europäischen Parlament insgesamt ist mit seinen 518 Abgeordneten kleiner als der Bundestag mit derzeit 662 Abgeordneten. Und nimmt man nur die 81 deutschen Europaabgeordneten, dann kommen auf einen Europaabgeordneten hierzulande statistisch betrachtet mehr als acht Bundestagsabgeordnete. Allein das erklärt schon die vergleichsweise geringe Präsenz der Europaabgeordneten vor Ort.

---

[2] Plenarprotokoll vom 2.12.92, Nr. 12/126, 10827 C.

Hinzu kommt, daß sie mehr Zeit durch Hin- und Herreisen verlieren als ihre Bonner Kollegen und zudem durch den anderen Arbeitsrythmus ihres Parlament stärker beansprucht sind. Während in Bonn in der Regel zwei sitzungsfreie Wochen auf zwei Sitzungswochen folgen, hat der durchschnittliche Europaabgeordnete mindestens drei Sitzungswochen pro Monat in seinem Terminkalender: eine Woche Plenartagung in Straßburg, eine Woche mit Fraktionssitzungen in Brüssel, eine weitere Woche mit Ausschußsitzungen in Brüssel. Dazu womöglich eine vierte Woche mit Ausschußberatungen, wenn er mehreren Ausschüssen angehört. Und neuerdings gelegentlich zusätzliche Plenarsitzungen in Brüssel.

Diese Belastung kann im wahrsten Sinne des Wortes zum Albtraum werden. Gerd Kröncke hat dies in einer Reportage für die Süddeutsche Zeitung am Beispiel eines jungen SPD-Europaabgeordneten aus Westfalen so beschrieben:

> "Eines Nachts ist Erdmann Linde aufgewacht und wußte nicht mehr, wo er war. Zu Hause in Bochum nicht, das war ihm gleich klar. 'Brüssel,' dachte er einen Moment, dann 'Luxemburg', und es dauerte eine ganze Weile bis ihm einfiel, daß sein Hotelbett diese Nacht in Straßburg stand: Novotel, Zimmer 705, siebter Stock. Kollegen haben ihm bestätigt, daß solche Desorientierung nicht ungewöhnlich ist, aber Erdmann Linde, Mitglied der Sozialistischen Fraktion im Europäischen Parlament, hat es doch zu denken gegeben. Ihm wurde zum erstenmal die mitunter irreale Situation eines Europaabgeordneten bewußt.
>
> Erfahrungen zu Hause waren es letztlich, die den Sozialdemokraten dazu brachten, zwei Jahre nach der ersten Direktwahl zu resignieren, sein Mandat zum 1. Oktober zurückzugeben. 'Es ist wahnsinnig viel Arbeit, die im Europäischen Parlament geleistet wird,' sagt Erdmann Linde, 'aber sie findet so gut wie keine Resonanz.' Wann immer er mit Menschen in seinem Wahlkreis sprach, konnte sich niemand vorstellen, was die in Brüssel überhaupt machen, 'es gab keinerlei Vorverständnis, man mußte immer ganz von vorne anfangen.' So hatte er sich das nicht vorgestellt. 'Ohne Anteilnahme der Gruppen, für die man im Parlament streitet,' schrieb er an die Parteifreunde zu Hause, 'muß Politik verkommen zum Machertum.'[3]

Es kommt auch im Europäischen Parlament nicht alle Tage vor, daß ein Politiker hinwirft, wie der damals 38jährige Erdmann Linde es getan hat, obwohl er am Anfang einer erfolgversprechenden Karriere zu stehen schien. Aber diese Arbeit zwischen Brüssel, Straßburg und dem heimatlichen Europabüro, sie wird von vielen höchst zwiespältig erlebt, und das nicht nur wegen des ewigen Hin- und Herpendeln. Es sind nicht allein beträchtliche räumliche Distanzen zu überwinden (Im Vergleich etwa zu Griechen oder Portugiesen stehen die Deutschen sogar noch gut da!), es ist zugleich ein Reisen zwischen politischen Welten.

---

[3] Süddeutsche Zeitung vom 29.6.81.

Zu Hause wird der Abgeordnete schnell zum Exoten, der jetzt "in Europa" verschwunden ist, nur noch gelegentlich auftaucht und in heimatlichen Gefilden politisch nicht mehr hart am Ball ist. Wenn man ihn dann doch mal zu fassen kriegt, dann wird er dafür verantwortlich gemacht, daß auch in der Europapolitik gelegentlich weitaus mehr versprochen als gehalten wird. Weist er auf seine begrenzten Möglichkeiten hat, muß er sich die Frage gefallen lassen, warum er sich überhaupt auf Steuerzahlerkosten in Brüssel und Straßburg herumtreibt. Kurzum, im politikverdrossenen Deutschland gilt der Europaabgeordnete vielen als klassisches Beispiel des überflüssigen Politikers schlechthin.

Als überflüssig, ja schlimmer noch: als lästig, empfinden ihn auch viele, mit denen er in Brüssels Räten, Vertretungen und Kommissionen zu tun hat. Die Beamten dort sind in der Regel hochqualifiziert, aber zum Teil auch hochfrustriert und zynisch geworden - von bürokratischen Grabenkämpfen und ganz allgemein davon, in welchem Schneckentempo die europäischen Dinge meist nur vorankommen. Und dann taucht dieser Volksvertreter auf und stört ihre Kreise, streut scheinbar oder auch tatsächlich zusätzlich Sand ins Getriebe, verlangt Erklärungen, formuliert Wünsche, die nicht ins Konzept passen...

Und wo bleibt das Positive? Da ist vor allem die Faszination, an einem bisher einmaligen Experiment mitzuwirken: ein internationales Parlament als Forum der Begegnung unterschiedlicher politischer Kulturen und zur gemeinsamen Gestaltung von Politik. Zur Gestaltung dessen, was bisher Außenministern und ihren Diplomaten vorbehalten war. Das ermöglicht Lernprozesse und Erfahrungen, die in der Politik zu Hause nicht denkbar sind.

Manchmal sind da auch die kleinen Siege über den bürokratischen Gang der Dinge, die Genugtuung, daß eine Dosis gesunden Menschverstands ab und an ihre Wirkung und ihren Eindruck nicht verfehlt. Und da ist das Gefühl, trotz manch grotesk anmutender Umstände an einem zukunftsträchtigen Experiment mitzuwirken, im wichtigsten Parlament Europas zu sitzen. Nicht weil dieses Parlament schon so mächtig wäre. Aber weil niemand, der darüber nachdenkt, sich der Einsicht verschließen kann, daß ein demokratischer Weg zum geeinten Europa an diesem Parlament nicht vorbeiführen kann.

Der durchschnittliche Europaabgeordnete aus Deutschland ist heute 55 Jahre alt, bei ihrer Wahl 1989 waren die 81 Abgeordneten also im Schnitt etwas älter als 50. Unter ihnen sind 28 Frauen, bei den ersten Direktwahlen 1979 waren es erst zwölf. Übertroffen wird dieser Frauenanteil von 34,6 % nur von den Däninnen (37,5 %) und den Luxemburgerinnen (50 %) im Europäischen Parlament. Unter den insgesamt 518 Abgeordneten sind 103 Frauen.

Wenn es so etwas wie typische Karrieren gibt, dann fallen bei den Männern unter den deutschen Abgeordneten zwei Muster ins Auge. Da sind zum einen die, die sehr früh ins Europäische Parlament einzogen. Im Kontrast zu dem 1979 kursierenden Spottreim "Hast Du einen Opa, schick' ihn nach Europa" bekamen bei den ersten Direktwahlen etliche Jungpolitiker eine Chance, die damals Anfang oder Mitte 30 waren. 1994 bewerben sich einige von ihnen - inzwischen um die 50 - zum viertenmal um ein Mandat. Ihre prägenden parlamentarischen und politischen Erfahrungen haben sie fast ausschließlich als Europaabgeordneter gemacht.

In das andere augenfällige Karrieremuster gehören die Politiker, die mit Anfang 50 ins EP eingezogen sind und schon auf Erfahrungen in anderen politischen Aufgaben verweisen können, etwa als Landesminister, Bürgermeister, Landrat oder Bundestagsabgeordneter. Für sie ist die Mitgliedschaft im Europäischen Parlament noch einmal eine neue Herausforderung, mit der sie ihre politische Laufbahn krönen können.

Es gibt auch unter den weiblichen Abgeordneten einige, die in eines der beiden beschriebenen männlichen Karrieremuster passen. Die Mehrzahl der Frauen startete ihre Karriere im Europäischen Parlament allerdings ohne großen politischen Vorlauf anderswo im Alter zwischen 40 und 50, dafür aber bereits berufs- und familienerfahren.

Aus dem üblichen Karriererahmen fallen auch die 18 Beobachter, die bis zu den nächsten Direktwahlen die Interessen der Ostdeutschen in der EG wahrnehmen sollen. Sie sind vom Bundestag im Februar 1991 für die Arbeit im Europäischen Parlament benannt worden. Eine demokratische Legitimation haben sie allesamt durch die ersten und zugleich letzten freien DDR-Volkskammerwahlen im März 1990, bei denen sie in die Ost-Berliner Volkskammer gewählt wurden. Von den drei Frauen und fünfzehn Männern gehörten bei ihrer Wahl acht der CDU an, fünf der SPD, zwei der PDS und jeweils einer der FDP, dem Bündnis 90/Grüne und der DSU.

Im Vergleich zu den Abgeordneten haben die deutschen Beobachter im Europäischen Parlament nur eingeschränkte politische Möglichkeiten: Zu Wort melden dürfen sie sich nur in Fraktionen und Ausschüssen, im Plenum haben sie weder Stimm- noch Rederecht. So kommt es gelegentlich vor, daß sie einen Fraktionskollegen mit Abgeordnetenstatus bitten, in ihrem Namen im Plenum vorzutragen, was sie zur Situation in den neuen Bundesländern zu sagen haben. Der Beobachterstatus bringt auch sonst eine Reihe von Einschränkungen in den Arbeitsmöglichkeiten und ist wohl nur deshalb zu ertragen, weil alle wissen, daß es sich um eine befristete Übergangslösung handelt.

Für die Europawahlen 1994 ist auf dem Gipfeltreffen der Staats- und Regierungschefs in Edinburgh eine Erhöhung der deutschen Mandatszahl um ebendiese 18 auf dann 99 beschlossen worden.[4] In ihrer Bezahlung sind die Beobachter allerdings ihren direkt gewählten bundesdeutschen Kollegen im Europäischen Parlament gleichgestellt. Die erhalten steuerpflichtige 10 366 Mark monatlich, exakt das gleiche wie die Abgeordneten im Deutschen Bundestag. Diese Gleichstellung von nationalem und europäischem Mandat soll bewirken, daß es weder einen materiellen Vorteil noch einen materiellen Nachteil bedeutet, ein Mandat im Europäischen Parlament zu haben. Diese Regelung gilt entsprechend auch in den anderen Mitgliedstaaten und soll böses Blut und Rivalität zwischen nationalen Abgeordneten und Europaabgeordneten vermeiden helfen. Erkauft wird dies allerdings damit, daß im Europäischen Parlament der Gleichheitsgrundsatz verletzt wird. So verdient zum Beispiel ein Europaabgeordneter aus Griechenland nicht einmal die Hälfte dessen, was seine Kollegen aus Deutschland oder Frankreich bekommen. Kostenpauschalen, Tagegelder und die Gehälter für Mitarbeiter kommen allerdings aus dem EG-Haushalt, dabei werden keine Unterschiede gemacht.

Obwohl die Möglichkeiten zur Beschäftigung von qualifizierten Mitarbeitern sehr begrenzt sind, haben es etliche Europaabgeordnete geschafft, auf bestimmten Politikfeldern (z.B. Umweltschutz, Verbraucherschutz) zu gefragten und mitunter auch gefürchteten Experten zu werden. Wem die Sacharbeit am Herzen liegt, der hat im Europäischen Parlament in der Regel größere Entfaltungsmöglichkeiten als etwa im Bundestag. Allein schon wegen der geringeren Zahl der potentiellen Konkurrenten ist es für den einzelnen Abgeordneten einfacher, überhaupt mit der Bearbeitung von bestimmten Themen betraut zu werden. Die Sacharbeit wird zudem durch die multinationale Brüsseler Perspektive interessanter und abwechslungsreicher. Der SPD-Europaabgeordnete Günter Topmann, Verkehrsexperte seiner Fraktion:

> "Hier gibt es nicht den Zwang ständig im Schaufenster zu stehen und Reden vor dem Europäischen Parlament halten zu müssen, die im wesentlichen Kern nur den Unterschied zwischen Opposition und Regierungsfraktion darstellen (...) Hier ist das Verhältnis ein anderes. Es ist häufig sachlicher, weniger polemisch, auch wird wegen der Sprachhürden weniger hektisch diskutiert."[5]

---

[4] Dieser Beschluß muß als Änderung der Gemeinschaftsverträge in allen zwölf Staaten der Union ratifiziert werden. Dieses Verfahren war Anfang 1994 in einigen Ländern noch nicht abgeschlossen.

[5] *Schöndube* (1993), 89.

Vielleicht liegt es ja auch daran, daß nur wenige Europaabgeordnete in den Bundestag wechseln. Unter den 662 Bundestagsabgeordneten gibt es sage und schreibe vier, die auf eine Zeit als Abgeordneter im direkt gewählten Europäischen Parlament zurückblicken können. Umgekehrt sieht es nicht viel anders aus.

Die Parlamentarier mit Erfahrung im Bundestag bilden ebenfalls eine Minderheit unter den 81 Europaabgeordneten. Bei der CDU/CSU sind es acht, bei der SPD drei und bei den Liberalen einer. Rechnet man nur die, die noch nach 1980 im Bundestag waren, so kommt man auf nur noch fünf: drei bei der CDU/CSU, einer bei der SPD und einer bei den Liberalen. Vor den ersten Direktwahlen 1979 hatten alle Europaabgeordneten ein Bundestagsmandat, sie wurden ja aus der Mitte des Bonner Parlaments ins Europäische Parlament delegiert. Inzwischen hat kein deutscher Abgeordneter mehr ein Doppelmandat in beiden Parlamenten, obwohl dies theoretisch möglich wäre und von rund 30 Europaabgeordneten insbesondere aus Frankreich und Italien nach den Direktwahlen 1989 auch wahrgenommen wurde.

Für die Deutschen allerdings gilt: Zwei parlamentarische Erfahrungswelten, die sich vor den Direktwahlen überschnitten haben, sind fast vollständig auseinandergerückt. Gewiß, es wird miteinander geredet, es gibt den Meinungsaustausch in den Parteigremien, im gemischt mit Bundestags- und Europaabgeordneten besetzten Europa-Ausschuß des Bundestages. Aber nur noch die wenigsten haben schon einmal in der Haut des anderen gesteckt, und das macht die Zusammenarbeit nicht leichter. So wird ein Erfahrungspotential nicht wirksam, das bei größerer Fluktuation zwischen Bundestag und Europäischem Parlament von Vorteil für beide Parlamente sein könnte.

4. Aus der Not eine Tugend machen: Das Arbeitsparlament

"In unserem Parlament spricht der Abgeordnete von seinem Platze aus, was die Debatte fördert und sehr lebendig macht. Das zentrale Rednerpult distanziert den Redner zu sehr und verführt ihn noch mehr dazu, seine Ausführungen abzulesen. (...) In einem Parlament sprechen heißt aber sich auseinandersetzen, Argumente vortragen, versuchen zu überzeugen. Damit wird keineswegs gefordert, daß der Abgeordnete ohne präzise Vorbereitung reden und ständig improvisieren soll. Aber der Vortrag eines zuvor festgelegten, unveränderlichen Textes läßt die Plenarsitzung, das Kernstück des parlamentarischen Lebens, langweilig werden, ja erstarren, und verurteilt sie auf die Dauer zur Einflußlosigkeit. Dies darf vor allem bei einem Parlament nicht geduldet werden, das nur in wenigen Fällen eine Entscheidungsgewalt besitzt und dem daher in der Regel das Gewicht und die Dramatik der über Schicksalsfragen entscheidenden Abstimmungen fehlt."[1]

Diese Sätze aus dem Jahre 1963 stammen von dem Christdemokraten Hans Furler, der als erster Deutscher Präsident des damals noch nicht direkt gewählten Europäischen Parlaments war. Heute kommen die Mahnungen Furlers einem beinahe ein bißchen prophetisch vor, scheinen sie doch das Dilemma heutiger parlamentarischer Arbeit im Straßburger Plenum vorwegzunehmen: Wenn es einen Wanderpokal für besonders langweilige Parlamentsdebatten gäbe, dann hätte auch das Europäische Parlament darauf bereits mehrfach mit Fug und Recht Anspruch erheben können.

Das Bild, das sich dem Besucher beim Blick in den imposanten Plenarsaal des Straßburger Palais de l'Europe nur zu oft bietet, läßt sich etwa so beschreiben: Während oben auf der Besuchertribüne ein reges Kommen und Gehen zu beobachten ist, herrscht unten im Halbrund gähnende Leere, gerade mal 20 oder 30 Parlamentarier verlieren sich in den langen Sitzreihen. Es dauert eine Weile bis das suchende Auge des Besuchers denjenigen unter ihnen ausgemacht hat, der gerade spricht. Der Redner liest ganz offensichtlich von einem Zettel ab, er spult seinen Text herunter, und es hört sich beinahe so an, als ob er sich dieser lästigen Pflicht möglichst schnell entledigen wollte. Die meisten seiner Kollegen hören ihm auch gar nicht zu, sondern lesen Zeitung, blättern in Unterlagen oder unterhalten sich.

---

[1] *Furler* (1963), 28.

Unser Zuschauer ist empört. Er hatte zwar vor seinem Besuch gehört, daß man womöglich keine besonders spannende Debatte erleben würde. Und er hatte ja gelesen, daß auch im Bundestag oft vor leeren Abgeordnetenbänken debattiert wird. Aber nun sieht er es mit eigenen Augen: Ganze 20 Abgeordnete sind da, was treiben die anderen 500? Ein famoser Job scheint das zu sein. Das sollte man sich in einer Firma erlauben. Alles auf Kosten des Steuerzahlers...

Besucher sind nach einem solch verheerenden Eindruck meist nur noch mit dem Hinweis zu besänftigen, daß sie nicht zu Gast in der Volkskammer der verblichenen DDR sind. Die SED-Machthaber wußten um die leeren Bänke in westlichen Parlamenten und haben Sitzungen ihres Schein-Parlaments im bewußten Kontrast dazu inszeniert. Volle Ränge im Palast der Republik konnten allerdings die totale Ohnmacht des Gremiums kaum verschleiern. Und die Freiheit des frei gewählten Abgeordneten in der westlichen Demokratie wäre nicht vollständig, wenn sie nicht die Freiheit einschlösse, eben auch abwesend zu sein.

Trotzdem ist die eben beschriebene Szene nur ein Ausschnitt aus einer langen Plenarwoche. Wer das Parlament über mehrere Tage hinweg bei der Arbeit beobachten kann, kommt zu einem ausgewogeneren Urteil. In einer normalen Straßburger Sitzungswoche, die wegen der zum Teil langen An- und Abreisewege effektiv nur vier Tage dauert (Montagnachmittag bis Freitagmittag), kommt man unterm Strich auf rund 35 Stunden Beratungen im Plenum (inklusive Nachtsitzungen). Das ist es ein Pensum, das mit gutem Sitzfleisch wohl zu bewältigen wäre. Dazu kommen aber noch Sitzungen in den Fraktionen und zu deren Vorbereitung Sitzungen der nationalen Gruppen in den Fraktionen. Dazu kommen oft kurzfristig angesetzte Beratungen in den Fachausschüssen. Dazu kommen Sitzungen der zahlreichen Intergruppen, die sich fraktionsübergreifend mit bestimmten Themen (z.B. Tierschutz) beschäftigen. Dazu kommen etliche Pressekonferenzen täglich, auf denen bestimmte Themen für die Öffentlichkeit noch einmal besonders herausgestellt werden. Dazu kommen Besuchergruppen (rund 150 pro Woche), die mit Abgeordneten diskutieren und sie bei der Arbeit beobachten wollen. Dazu kommen Journalisten und Lobbyisten, die um Interviews nachsuchen oder ihr Anliegen vortragen wollen. Das meiste davon läuft parallel zur Plenarsitzung. So waren zum Beispiel in der Parlamentswoche vom 13. bis 17. September 1993 allein von der Fraktion der Sozialdemokratischen Partei Europas in Straßburg nicht weniger als 70 Termine langfristig anberaumt[2] - kurzfristig arrangierte Termine gar nicht gerechnet.

---

[2] Laut EP-Sitzungskalender 8/B-93.

Weil die Plenarwoche derart mit zusätzlichen Terminen und Aktivitäten beladen ist, wird der Ablauf der Plenarsitzung so strukturiert, daß nur zu bestimmten Zeiten starke Präsenz im Plenum zwingend erforderlich ist, insbesondere während der Abstimmungsstunden, zu denen mit unüberhörbarem Läuten in allen Gebäuden gerufen wird.

Die Bündelung der Abstimmungen in den Abstimmungsstunden (vor allem am Mittwochabend die wichtigsten) erfordert allerdings meist die Trennung von Debatte und Abstimmung. So kann es sein, daß ein Thema bereits am Dienstag im Plenum diskutiert wird, die Abstimmung darüber, also die abschließende Meinungsbildung, aber erst am Mittwochabend erfolgt. Das erscheint unlogisch, stößt bei vielen Außenstehenden auf Unverständnis und erschwert insbesondere den Journalisten ihre Arbeit. Sie müssen oft über Debatten ohne greifbares Ergebnis berichten und ihre Leser oder Hörer wegen der Abstimmung auf später vertrösten - eine undankbare Aufgabe, die oft zum Schaden des Parlaments dazu führt, daß gar nicht berichtet wird.

Diese Abstimmungsstunden illustrieren allerdings auch, daß es einen Zusammenhang gibt zwischen starker Präsenz im Plenum und Lebhaftigkeit der Debatte. Sozusagen vor versammelter Mannschaft versuchen etliche Abgeordnete nämlich auf dem Umweg über Anträge zur Geschäftsordnung oder mit Stimmerklärungen die inhaltliche Debatte noch einmal neu zu eröffnen. Diese Wortwechsel während der Abstimmungszeit sind so oft lebendiger und spannender als die eigentliche Sachdebatte.

Die Sachdebatten kranken nicht nur an mitunter mangelnder Präsenz im Plenum und an dem schon erwähnten Auseinanderreißen von Debatte und Abstimmung. Es gibt weitere Faktoren, die erklären, warum rethorische Sternstunden im Europäischen Parlament eher die Ausnahme sind: Die Tatsache, daß das Europäische Parlament ein mehrsprachiges, ein vielsprachiges Parlament ist, daß alles, was im Plenum gesagt wird, in jeweils acht andere Sprachen simultan gedolmetscht wird, ist sicher der wichtigste Faktor. Das zwingt den Redner dazu, langsam, klar und einfach zu sprechen, wenn er sicherstellen will, daß bei der Übersetzung nichts verlorengeht. Er wird deshalb auf Anspielungen, Ironie, Wortspiele und sprachliche Bilder weitgehend verzichten. Aber wer darauf verzichtet, verzichtet eben auch auf das rethorische Salz in Suppe. Auch der zuhörende Abgeordnete hat ein Problem, wenn die Sprache des Redners nicht seine Muttersprache ist oder wenn er sie als Fremdsprache nicht sehr gut beherrscht: Vielleicht will er reagieren, weil er sich durch Aussagen des Redners herausgefordert fühlt, aber es bleibt immer ein Stück Unsicherheit, ob nicht womöglich ein sprachliches Mißverständnis vorliegt.

Deshalb sind harte Repliken und Wortwechsel selten. Und wenn sie doch vorkommen, dann zwischen Abgeordneten einunddderselben Nationalität, also etwa zwischen einem britischen Konservativen und einem LabourAbgeordneten. Von Landsmann zu Landsmann weiß man in der Regel auch, was der andere als harte Kritik eben noch akzeptieren wird und wann die Schwelle zur Beleidigung überschritten wird. Bei Kollegen aus anderen Ländern kann man sich da nicht so sicher sein.

Einer lebhaften Debatte, in der einer auf den Redebeitrag des anderen reagiert, abträglich sind auch die zum Teil extrem kurzen Redezeiten, die dem einzelnen Abgeordneten zur Verfügung stehen. Wer anderthalb Minuten Redezeit hat, muß schon beinahe auf das verzichten, was er ursprünglich sagen wollte, wenn er wirklich auf Vorredner eingehen will.

Es gibt eine Reihe von Reformvorschlägen, um die Plenarsitzungen attraktiver zu machen. Das wichtigste Stichwort in diesem Zusammenhang lautet Entlastung. Die sollen zum Beispiel zusätzliche kurze Plenarsitzungen in Brüssel bringen. Für 1994 sind neben zehn Plenarwochen in Straßburg vier solcher kurzen Plenarsitzungen von jeweils zwei halben Tagen Dauer in Brüssel geplant. Es kann allerdings sein, daß der Entlastungseffekt wieder aufgefressen wird durch zusätzlichen Beratungsbedarf im Rahmen der durch Maastricht ausgeweiteten Befugnisse des Parlaments.

Andere Vorschläge zielen darauf ab, die Abstimmungszeiten zu straffen. So muß das Plenum zum Beispiel im Zusammenhang mit den Agrarpreisdebatten mitunter über Hunderte von Änderungsanträgen abstimmen. Das dauert Stunden, die meisten Abgeordneten haben zudem keinen Überblick, worüber sie abstimmen, sondern müssen sich ganz auf die Zeichen der Experten ihrer Fraktion verlassen. Der Abgeordnete wird zur Abstimmungsmaschine. Aber eine Änderung dieser Praxis ist schwierig und würde bedeuten, daß das Recht der Abgeordneten, Änderungsanträge zu stellen, beschnitten werden müßte.

Ähnliche Konsequenzen hätte der Vorschlag, doch einfach technische Fragen - etwa die des beinahe sprichwörtlich gewordenen Überrollbügels bei Traktoren für den Einsatz in Weinbergen - aus der Plenarsitzung herauszuhalten. Dann taucht unweigerlich die Frage auf, was denn zu technisch ist und was nicht. Und wer darüber entscheidet. Erfahrungsgemäß steckt ja der Teufel meist gerade in vermeintlich technischen Details, die für den Außenstehenden oft schwer nachvollziehbar, aber für die Betroffenen von höchster ökonomischer Bedeutung sind.

Daß solche Auswahlentscheidungen zwischen "wichtig" und "weniger wichtig" gerne vermieden werden, zeigt sich auch daran, daß die bereits bestehende Möglichkeit wenig genutzt wird, bestimmte Fragen abschließend in den zuständigen Fachausschüssen zu behandeln und gar nicht mehr ans Plenum zu geben. Diese Regelung wurde vom italienischen Parlament übernommen. Sie wird aber im Europäischen Parlament erfahrungsgemäß nur gegen Ende einer Wahlperiode angewandt, wenn absehbar ist, daß bestimmte Themen sonst überhaupt nicht mehr abschließend beraten werden können.

Schließlich wurde versucht, die Plenartagungen inhaltlich zu straffen und bestimmte Schwerpunktthemen in den Mittelpunkt einzelner Plenartagungen zu stellen, etwa Sozialpolitik oder das Verhältnis der EG zu Dritten Welt. Das klingt bestechend, ist aber nicht einfach zu realisieren. Und es besteht die große Gefahr, mit einem langfristig vorbereiteten Thema kurzfristig völlig neben der politischen Aktualität zu liegen, die plötzlich Reaktionen auf ganz andere Ereignisse verlangt.

Ein weiterer Ansatz, die Plenarsitzungen aufzuwerten, ist die Praxis, möglichst oft Staatsoberhäuptern aus aller Welt in sogenannten feierlichen Sitzungen die Gelegenheit zu einer Rede vor dem Europäischen Parlament zu geben. Das sorgt für zusätzliche Aufmerksamkeit und zusätzliches Interesse der Öffentlichkeit und untermauert das zum Teil erhebliche Ansehen, das das Europäische Parlament außerhalb der Gemeinschaft genießt. Dazu trägt auch die jährliche Vergabe des Sacharow-Preises für Gedankenfreiheit durch das Europäische Parlament bei. Preisträger in den letzten Jahren waren unter anderen Nelson Mandela und Alexander Dubcek, 1993 wurde der Preis an die in Sarajewo erscheinende Zeitung "Oslobodenje" vergeben.

All diese Anstrengungen allein werden aber nicht bewirken, daß aus dem Europäischen Parlament das wird, was dem eingangs zitierten Hans Furler als Ideal vor Augen stand und was die Politologen ein Redeparlament nennen. Die klassische Definition hierfür stammt von Winfried Steffani:

> "Ein Redeparlament ist ein eminent politisches Parlament. Es erhebt vor allem den Anspruch, das wichtigste Forum der öffentlichen Meinung, die offizielle Bühne aller großen, die Nation bewegenden politischen Diskussionen zu sein. (...) Das Redeparlament lebt davon, daß die wichtigsten Redepartner entscheidende politische Macht repräsentieren. Daher steht im Zentrum die Debatte zwischen Premier und Oppositionsführer, zwischen Minister und 'Schattenminister'. Das Redeparlament hat daher nur dort eine Chance, wo Regierungschef und Oppositionsführer Mitglieder des Parlaments sind oder zumindest in ihm ein Rederecht und eine Auskunftspflicht haben."[3]

---

[3] *Steffani* (1965), 236.

Redeparlament kann das Europäische Parlament also erst an dem Tag werden, an dem es eine europäische Regierung gibt, die sich vor den Abgeordneten verantworten muß. Bis dahin besteht allerdings kein Grund, die Existenzberechtigung der Abgeordneten in Zweifel zu ziehen. Es gibt eine Alternative zum Redeparlament: das Arbeitsparlament. Noch einmal Steffani:

> "Während im Redeparlament das Plenum eine wesentliche Rolle spielt, verlagern sich im Arbeitsparlament Macht und Arbeit in entscheidender Weise in die Ausschüsse. Nicht der Redner, sondern der kenntnisreiche Detailexperte, der unermüdliche Sachbearbeiter wird zur wichtigsten Parlamentsfigur. (...) Im Arbeitsparlament findet die Regierungskontrolle nicht primär dadurch statt, daß die Regierung und Verwaltung sowie deren politische Apologeten, die Mehrheitsparteien, im Plenum von der Opposition öffentlich zur Rede gestellt und wirksam kritisiert werden. Hier wird das Parlament vielmehr weitgehend zu einer Spezialbürokratie, in der parlamentarische Experten Experten der Exekutive in höchst intensiver Weise um Rede und Auskunft ersuchen und bis zu Detailfragen und bis zu kleinsten Einzelposten hin überprüfen und weitgehend durch Bestimmungen im vorhinein festzulegen versuchen."

Diese Beschreibung paßt gut auf den vorherrschenden Arbeitsstil im Europäische Parlament, obwohl sie in den 60er Jahren nach Studien über die Rolle des US-Kongresses formuliert wurde. Und es ist sicher kein Zufall, daß etliche Europaabgeordnete ausgerechnet den US-Kongreß nennen, wenn sie nach einem Leitbild für ihre Arbeit gefragt werden. Der US-Kongreß hat im amerikanischen Regierungssystem die Aufgabe, ein Gegengewicht zum direkt gewählten Präsidenten und seiner Administration zu bilden. In ähnlicher Weise könnte das Europäische Parlament in der Europäischen Union wirksam sein, mit dem Unterschied, daß ihm hier nicht ein vom Volk gewählter Präsident als Gegenspieler gegenübersteht, sondern ein Kollektiv von 12 Staats- und Regierungschefs. Der französische Europaabgeordnete Bourlanges (EVP) spricht in diesem Zusammenhang von "Verhandlungsdemokratie" (im Gegensatz zur "Mehrheitsdemokratie") und beschreibt diese "Verhandlungsdemokratie" so:

> "Die Verhandlungsdemokratie gründet auf der ständigen Suche nach Kompromissen zwischen Staaten, Gruppen oder Bürger mit höchst unterschiedlichen Interessen und höchst unterschiedlichem Ursprung. Dieser Demokratietyp paßt vollkommen zum unbeständigen, kaleidoskopischen und schwer zu greifenden Charakter der politischen und transnationalen Konstellationen, die im Europäischen Parlament entstehen und sich wieder auflösen. In diesem Demokratietyp, für den die USA das fertige Vorbild liefern, spielt die Aufgabe zu untersuchen und zu kontrollieren für das Parlament eine umso entscheidendere Rolle, weil keinerlei Abhängigkeit von einer Mehrheit den Handlungsspielraum der Parlamentsmitglieder einschränkt."[4]

---

[4] Interview mit Jean-Louis Bourlanges in "Les Echos du Parlament européen", Nummer 87, September 1993, Übersetzung von mir.

Um die Aufgaben eines Arbeitsparlaments erfolgreich wahrnehmen zu können, hat das Europäische Parlament sich im Lauf der Zeit mit dem kompletten Arsenal dafür nötiger parlamentarischer Gremien und Instrumente ausgestattet und dabei allerlei Anleihen bei seinen nationalen Schwesterparlamenten gemacht. An erster Stelle werden hier gewöhnlich die Fachausschüsse des Parlaments genannt, derzeit insgesamt 19 an der Zahl. Begonnen wurde 1958 bereits mit ursprünglich 13 Ausschüssen. Diese Zahl dokumentiert, daß auf die Arbeit in den Ausschüssen von Anfang an großer Wert gelegt wurde. Das Europäische Parlament hat heute beinahe die gleiche Zahl von Fachausschüssen erreicht wie der Deutsche Bundestag und erheblich mehr als etwa die Französische Nationalversammlung.

An erster Stelle in der Liste der Ausschüsse steht übrigens demonstrativ der Auschuß für auswärtige Angelegenheiten und Sicherheit, obwohl er Themenfelder abdeckt, auf denen das Europäische Parlament relativ wenig förmliche Kompetenzen hat. An zweiter Stelle folgt der Ausschuß für Landwirtschaft, Fischerei und ländliche Entwicklung - er hat erhebliches politisches Gewicht angesichts der Tatsache, daß immer noch die Hälfte der EG-Mittel in den Agrarsektor fließen. An Bedeutung gewonnen haben in den letzten Jahren der Ausschuß für Wirtschaft, Währung und Industriepolitik und der Ausschuß für Umweltfragen, Volksgesundheit und Verbraucherschutz. Diese beiden Ausschüsse hatten die Hauptlast des sogenannten Binnenmarkt-Programmes der EG-Kommission zu tragen.

Bemerkenswert etwa im Vergleich zum Bundestag ist, daß die meisten Ausschüsse öffentlich tagen. Nur fünf der 19 Ausschüsse sind der Öffentlichkeit nicht zugänglich. Die Geschäftsordnung überläßt es den Ausschußmitgliedern, bei der konstituierenden Sitzung selbst zu entscheiden, ob ihr Ausschuß in der Regel öffentlich oder nicht-öffentlich tagen soll. Daß sich die meisten für die Zulassung der Öffentlichkeit entschieden haben, hängt auch mit dem Wunsch der von den Journalisten nicht gerade verwöhnten Europaabgeordneten zusammen, mit der eigenen Arbeit ein Höchstmaß an Publizität und Medienecho zu erzielen. Dieser Wunsch dürfte auch mit eine Erklärung für die wachsende Zahl von öffentlichen Experten-Hearings sein, die von den Ausschüssen organisiert werden. Ihre Zahl beläuft sich auf inzwischen rund 30 pro Jahr.[5] In Ergänzung zu den ständigen Ausschüssen gibt es Unterausschüsse (z.B. einen Unterausschuß zur Währungspolitik), Arbeitsgruppen und nichtständige Ausschüsse (z.B. im Jahre 1990 zur Begleitung des deutschen Einigungsprozesses).

---

[5] *Jacobs/Corbett/Shackleton* (1992), 251.

Eine wichtige und künftig wohl noch wachsende Rolle spielen auch Untersuchungsausschüsse. Das Recht, solche Untersuchungsausschüsse (auf Verlangen eins Viertels seiner Mitglieder) einzurichten, wird dem Parlament im Maastrichter Vertrag erstmals ausdrücklich bestätigt. Die Abgeordneten hatten aber bereits nach den ersten Direktwahlen 1979 mit der Einsetzung solcher Untersuchungsausschüsse begonnen.

Der erste Untersuchungsausschuß war der Situation der Frauen in Europa gewidmet, er wurde später in einen ständigen Ausschuß umgewandelt. Alle anderen Untersuchungsausschüsse beendeten ihre Arbeit mit Vorlage ihres Abschlußberichts. Einige Themen: Umgang mit giftigen und gefährlichen Stoffen in der EG und in ihren Mitgliedstaaten, Wiederaufleben des Faschismus und Rassismus in Europa, Einsatz von Hormonen in der Fleischproduktion, grenzüberschreitende Drogenkriminalität.

Weil die Ausschüsse an der parlamentarischen Willensbildung im Europäischen Parlament maßgeblich mitwirken, wird daraus gelegentlich gefolgert, daß die Beratungen im Plenum reine Formsache und damit im Grunde überflüssig seien. Eine (allerdings schon etwas ältere) Studie über Zahl und Wirkung von Änderungsanträgen im Europäischen Parlament[6] zeigt im Gegenteil, daß im Plenum oft noch eine intensive Sachauseinandersetzung erfolgt, die dazu führt, daß vom Votum der Ausschüsse abgewichen wird. So verabschiedete das Plenum des Europäischen Parlaments zum Beispiel im Jahr 1983 nach Beratungen in den zuständigen Ausschüssen insgesamt 305 Stellungnahmen und Entschließungen. Dazu wurden 5382 Änderungsanträge eingereicht, von denen 2189, also weit mehr als ein Drittel, angenommen wurden.

Damit werden Stellenwert und Bedeutung der Ausschußberatungen nicht gemindert. Diese Statistik unterstreicht vielmehr die Rolle des Europäischen Parlaments als Arbeitsparlament. Ausschuß- ebenso wie Plenarsitzungen sind in Sachfragen in weit geringerem Maße durch eiserne Fraktionsdisziplin vorstrukturiert und sterilisiert, als dies in den nationalen Parlamenten der Fall ist, wo Regierunglager und Opposition aufeinanderprallen. Das Plenum wird zudem oft als Schiedsrichter benötigt, der das letzte Wort hat, wenn im federführenden und in den mitberatenden Ausschüssen voneinander abweichende Empfehlungen ausgesprochen werden (z.B. in der Frage der Agrarpreise, wo der Agrarausschuß des Parlaments sich gerne großzügiger zeigt als etwa der Haushaltsausschuß).

---

[6] *Rutschke* (1986), 58.

Neben die Ausschüsse treten in der Beratung von Sachfragen die sogenannten interfraktionellen Arbeitsgruppen, kurz Intergruppen genannt. Sie sind in der Geschäftsordnung des Parlaments mit keinem Wort erwähnt, prägten und prägen aber die Arbeit des Parlaments auf vielen Feldern nachhaltig. In den Intergruppen finden Abgeordnete unterschiedlicher Fraktionszugehörigkeit zusammen, die auf bestimmten Feldern durch gemeinsame Anstrengungen und fraktionsübergreifende Zusammenarbeit Dinge in Bewegung setzen wollen.

Über die Zahl der Intergruppen gibt es keine offizelle Statistik, sie dürfte derzeit bei 50 liegen, an ihren Namen läßt sich die Spannweite der Themen ablesen, ein paar Beispiele: "Schiffbau", "Verbraucher", "Behinderte", "Mittelmeer", "Tierschutz", "Sport", "Gewerkschaften", "Tibet", "Eigentum in der Landwirtschaft", "Bevölkerung und Entwicklung".

Manche von ihnen existieren nur vorübergehend und haben kaum feste Strukturen, andere sind schon fast zur Institution geworden. So zum Beispiel die Intergruppe "Tierschutz", die im September 1993 ihr 10jähriges Bestehen vermeldete und zur hundertsten Sitzung einlud. Die Intergruppe hat eine gewählte Präsidentin, einen ersten Vizepräsidenten, nicht weniger als 28 Vizepräsidenten und sie verfügt in Brüssel über ein eigenes Sekretariat. Die Intergruppe hat in ihrer 10jährigen Geschichte bereits bemerkenswerte Erfolge erzielt. So war sie zum Beispiel die treibende Kraft hinter dem schließlich EG-weit durchgesetzten Importverbot für Felle von Robbenbabys.

Besondere Erwähnung verdient der Krokodil-Club (benannt nach dem Straßburger Restaurant, in dem man sich zur konstituierenden Sitzung traf), der Anfang der 80er Jahre den Anstoß zur Ausarbeitung eines Verfassungsentwurfs durch das Parlament gab. Auf breite Mitgliedschaft und Mitarbeit quer durch die politischen Lager kann auch die Känguruh-Gruppe verweisen, deren Anliegen der Kampf gegen Bürokratismus und für die volle Durchsetzung der im Zusammenhang mit dem Binnenmarkt versprochenen Bewegungsfreiheit (für Personen, Waren, Kapital und Dienstleistungen) ist.

Die Intergruppen sind in ihrer Arbeit zum Teil so effektiv und erfolgreich, daß sie sich zu einer Konkurrenz für die offiziellen Arbeitsstrukturen des Parlaments entwickelt haben. So gelingt es ihnen wegen ihrer größeren Flexibilität zum Beispiel, den Ausschüssen prominente Experten zu bestimmten Sachfragen "wegzuschnappen". Trotz solcher gelegentlichen Rivalitäten sind die große Zahl von Intergruppen und ihre Rolle im Willensbildungsprozeß ein Indiz für die vergleichsweise große und fraktionsübergreifende politische Offenheit im Europäischen Parlament und ein bemerkenswertes Beispiel für politische Innovation.

Ein wichtiges und mit dem Umbruch in Mittel- und Osteuropa noch wichtiger gewordenes Instrument sind auch die derzeit 22 Interparlamentarischen Delegationen und acht Gemischten Parlamentarischen Ausschüsse, mit denen das Parlament Einfluß auf die Gestaltung der Außenbeziehungen der Union zu nehmen versucht und in direktem Kontakt zu Parlamentariern in Ländern außerhalb der EU steht. Die Arbeit dieser Delegationen ist gelegentlich ein Gratwanderung von höchster politischer Brisanz, erwähnt sei hier nur das heikle Verhältnis zu dem im Oktober 93 schließlich mit Gewalt aufgelösten russischen Parlament. Dessen Präsident Chasbulatow war noch im Juli 93 mit einer Delegation in Straßburg, was unter den Europaabgeordneten Anlaß zu erheblichem politischem Streit gab.

Wachsenden Zuspruch erfährt auch der Petitionsauschuß des Parlaments. 1979, im Jahr der ersten Direktwahl, gab es insgesamt 57 Petitionen, seither ist ihre Zahl auf rund 900 im Jahr 1992 angestiegen. Zu den darin am häufigsten angesprochenen Fragen zählen Tierschutz und Umweltschutz.

An die Seite des Petitionsausschusses tritt im Zuge der Umsetzung der Beschlüsse von Maastricht ein vom Europäischen Parlament für die Dauer einer Wahlperiode ernannter Bürgerbeauftragter ("Ombudsmann"). Er soll Beschwerden von Unionsbürgern über Mißstände in der Arbeit der Europäischen Gemeinschaft nachgehen. Seine starke Stellung ergibt sich daraus, daß er, einmal ernannt, nicht abgewählt werden, sondern nur (im Falle von Verfehlungen) vom Europäischen Gerichtshof seines Amtes enthoben werden kann.

Insgesamt steht ein umfangreiches Arsenal von Instrumenten zur politischen Einflußnahme zur Verfügung. Deren Effektivität läßt sich im einzelnen nur schwer messen, dafür sind die politischen Willensbildungs- und Entscheidungsprozesse zu kompliziert. Bestes Indiz dafür, daß dieses Arbeitsparlament inzwischen tatsächlich Wirkung zeigt und ernstgenommen wird, ist die in den letzten Jahren stark angestiegene Zahl von Lobbyisten, die versuchen auf die Abgeordneten Einfluß zu nehmen.

Die Zahl der Mitarbeiter der in Brüssel angesiedelten rund 3000 Interessenverbände wird auf rund 10000 geschätzt.[7] Viele von ihnen konzentrieren einen wesentlichen Teil ihrer Arbeit auf das Europäische Parlament. Damit tragen sie der Tatsache Rechnung, daß das Parlament seit den Reformen im Zuge der Einheitlichen Europäischen Akte 1987 und verstärkt seit Maastricht maßgeblich an der Rechtsetzung im Rahmen der Gemeinschaft mitwirkt.

[7] Handelsblatt vom 15.2.93.

Professor Rinus van Schendelen hebt in diesem Zusammenhang insbesondere die maßgebliche Rolle hervor, die das Parlament spielt, wenn es darum geht, bestimmte Themen überhaupt auf die politische Tagesordnung der Europäischen Union zu setzen. Er schreibt:

"Ein großer Vorteil des EP-Lobbying ist nicht nur, daß diese Institution bedeutende Kompetenzen besitzt und noch mehr Einfluß auf die Politik der EG hat; vor allem ist sie die zugänglichste Institution von allen. Die Kommission ist viel formalisierter als das EP, ihre Größe und ihre Fragmentierung erschweren effektives Lobbying, wenn auch bei Erfolg der Lohn sehr hoch ist. Der Rat ist das geschlossenste aller EG-Organe, mit Ausnahme einiger nationaler Politiker und Beamter. Der Wirtschafts- und Sozialausschuß ist einigen höchstinstitutionalisierten privaten Interessen vorbehalten und hat nur schwachen Einfluß auf die EG-Entscheidungsfindung. Die Bedeutung des Regionalausschusses muß sich erst noch herausstellen. Im Gegensatz zu diesen Organen ist das EP leicht zugänglich. Es ist von Grund auf stark verkettet mit den nationalen Gesellschaften: durch Ideologie (Parteiensystem), durch Sachpolitiken (Ausschuß-System), durch nationale Identität (Delegationen) oder anderweitig durch regionale Gruppen, überlappende single-issue-Gruppen und persönliche Netzwerke. (...) Die meisten Parlamentsmitglieder mögen es (noch), wenn an sie herangetreten wird. Eine ihrer Hauptbeschwerden in der Vergangenheit war das Gefühl, von den Menschen und Gruppen der Mitgliedstaaten vernachlässigt und vergessen zu sein; für diese Klage gibt es kaum noch einen Grund."[8]

[8] *Schendelen* (1993), 69.

5. Salamitaktik: Wie ein Parlament zu seinem Recht kommt

Wenn es in der Vergangenheit ein Ceterum censeo der deutschen Europapolitik gab, eine Forderung, die aus allen im Bundestag vertretenen Parteien immer wieder beinahe gebetsmühlenhaft wiederholt wurde, dann war es der Ruf nach mehr Rechten für das Europäische Parlament. Es gibt keinen maßgeblichen Politiker hierzulande, der nicht schon die schwache Stellung des Parlaments beklagt und mehr Möglichkeiten für die Euroabgeordneten gefordert hätte. Damit wird bereitwillig aufgenommen, was aus dem Europäischen Parlament selbst seit seinem ersten Zusammentreten zu hören ist und immer aufs Neue angemahnt wird: der Wunsch nach mehr politischem Gewicht und einer zentralen Stellung im Entscheidungsgefüge der Gemeinschaft.

Dieses Ceterum censeo hat allerdings auch einen Bumerangeffekt: Wenn die Bürger immer wieder hören, daß das Europäische Parlament mehr Rechte bekommen muß, dann ziehen sie irgendwann daraus die Schlußfolgerung, daß es bislang wenig politische Möglichkeiten hat und folglich nicht allzu wichtig zu nehmen ist. Die Forderung nach mehr Macht in der Zukunft führt leicht zur Unterschätzung des bereits Erreichten und heute Möglichen.

Erreicht haben die Europaparlamentarier in mittlerweile jahrzehntelangem Tauziehen einiges. Ihr beharrliches Ceterum censeo hatte auch den Effekt, daß bei beinahe jeder kleineren oder größeren Reform der Gemeinschaft auch das Parlament in irgendeiner Weise mit mehr Rechten und Möglichkeiten bedacht wurde. Jedes Zugeständnis für sich betrachtet war klein, aber in der Summe ist durch diese Salamitaktik inzwischen so viel an Gestaltungsmöglichkeiten zusammengekommen, daß das berühmte Umschlagen von Quantität in Qualität in greifbare Nähe gerückt ist. Das Ausmaß des Erreichten wird deutlich, wenn man sich noch einmal das ursprüngliche institutionelle Arrangement der Gemeinschaft in Erinnerung ruft. Die Arbeitsteilung im sogenannten Entscheidungsdreieck (EG-Spott: "Bermudadreieck") sah so aus:

(1) Die Kommission hat Initiativrecht und Vorschlagsmonopol bei der Rechtsetzung der Gemeinschaft. Sie entscheidet, ob und wann sie einen Vorschlag machen will und wie er aussehen soll.

(2) Das Parlament nimmt zu den Vorschlägen der Kommission Stellung. Weder Kommission noch Rat sind gezwungen, diese Stellungnahme zu berücksichtigen.

Entscheidungsdreieck

(MINISTER)RAT
3 - Entscheidung

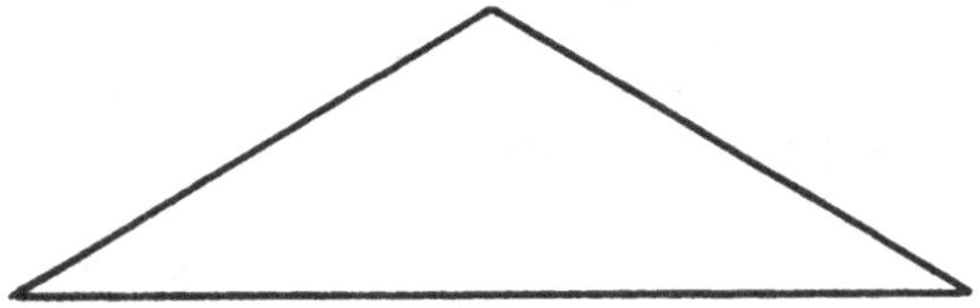

KOMMISSION
1 - Initiative
4 - Umsetzung
5 - Überprüfung

PARLAMENT
2 - Stellungnahme

(3) Der Rat entscheidet über die Vorschläge der Kommission. Grundsätzlich tut er dies mit der Mehrheit seiner Mitglieder, in vielen Fragen schreiben die EG-Verträge allerdings eine qualifizierte Mehrheit oder Einstimmigkeit vor.[1] Will der Rat die Vorschläge der Kommission abändern, so kann er dies gegen ihren Willen nur einstimmig tun.

(4) Die Kommission[2] setzt die Beschlüsse des Rates um und

(5) überwacht die Umsetzung und Anwendung des Gemeinschaftsrechts durch die Mitgliedstaaten.

---

[1] Qualifizierte Mehrheit bedeutet, daß die Voten der Mitgliedstaaten im Rat gewichtet werden (seit 1986 gültige Gewichtung: Deutschland, Frankreich, Großbritannien und Italien jeweils zehn Stimmen, Spanien acht Stimmen, Belgien, Griechenland, Niederlande, Portugal jeweils fünf Stimmen, Dänemark und Irland jeweils drei Stimmen, Luxemburg zwei Stimmen). Ein Beschluß, für den eine qualifizierte Mehrheit verlangt ist, kommt dann mit mindestens 54 von 76 Stimmen zustande. Die Verteilung der Stimmen begünstigt die mittleren und kleineren Mitgliedstaaten. Andererseits können zwei große Mitgliedstaaten gemeinsam mit nur einem kleineren (außer Luxemburg) qualifizierte Beschlüsse verhindern. Ist Einstimmigkeit im Rat verlangt, so gelten Stimmenthaltungen nicht als Hinderungsgrund für das Zustandekommen eines Beschlusses.

[2] Beschlüsse der Kommission ergehen mit Stimmenmehrheit ihrer (derzeit 17) Mitglieder.

In diesem ursprünglichen institutionellen Arrangement, das heute nur noch für Teilbereiche der EG-Verträge gilt, hat das Parlament also eine rein beratende Funktion. Es sind Kommission und Rat, die sich gegenseitig die Bälle zuspielen, das Parlament steht - um im Bild zu bleiben - als mal applaudierender, mal nörgelnder oder mahnender Zuschauer am Spielfeldrand. Der Rat bezieht seine starke Position vor allem aus der Tatsache, daß ohne sein abschließendes Votum nichts geht. Die Kommission bezieht ihre Stärke aus ihrem Vorschlagsmonopol und aus der Regelung, daß der Rat nur einstimmig über ihre Vorschläge hinweggehen kann. In der Praxis war und ist diese Einstimmigkeit gegen die Kommission kaum herstellbar, und das gibt ihr verbunden mit dem exklusiven Vorschlagsrecht erhebliche Verhandlungsmacht.

Diese Position der EG-Kommission wurde allerdings durch den von Frankreichs Staatspräsident de Gaulle 1966 erzwungenen "Luxemburger Kompromiß" erheblich geschwächt. Durch eine Politik des leeren Stuhls in den EG-Gremien setzte de Gaulle durch, daß auf die laut Vertrag möglichen Mehrheitsbeschlüsse im Rat bei Streitfragen verzichtet wurde.[3] Diese politisch erzwungene Änderung der Spielregeln im Rat lähmte diesen in vielen Fragen. Sie raubte der Kommission die Möglichkeit, sich in Sachfragen jeweils mit den integrationsfreudigeren Staaten im Rat zu verbünden und so per Mehrheitsentscheidung Fortschritte gegen die sich sträubenden Mitgliedsstaaten durchzusetzen. Weil nur noch einstimmig Fortschritte zu erreichen waren, mußte sich die Kommission nach dem "Luxemburger Kompromiß" auf die undankbare Suche nach dem kleinsten gemeinsamen Nenner zwischen den Mitgliedstaaten konzentrieren.

Erst mit der Einheitliche Europäischen Akte von 1987 und dem Ziel der termingerechten Verwirklichung des Binnenmarktes vor Augen gab es wieder in größerem Umfang eine Abkehr vom Prinzip der Einstimmigkeit. Ob damit der "Luxemburger Kompromiß" ein für allemal aus der Welt ist, muß allerdings bezweifelt werden. Der Streit um das Prinzip der Mehrheitsentscheidung im Rat (und wie weit es ausgedehnt werden soll) gehört jedenfalls nach wie vor zu den zentralen Streitpunkten der institutionellen Reformdiskussion.

---

[3] *Oppermann* (1991), 106: "In der Luxemburger Vereinbarung vom 26.1.66 (...) verständigten sich die Außenminister, bei Mehrheitsbeschlüssen auf Vorschlag der Kommission, die 'sehr wichtige Interessen' der Mitglieder berührten, 'innerhalb eines angemessenen Zeitraums' sich zu bemühen, zu einstimmigen Beschlüssen zu kommen. Frankreich verlangte in solchen Fällen Erörterungen so lange, bis die Einstimmigkeit erreicht war. In der Gemeinschaftspraxis hat die Luxemburger Vereinbarung, obwohl juristisch nur ein nicht bindender Akt freiwilliger Selbstbeschränkung (...), seither zu einem sehr weitgehenden Verzicht auf Mehrheitsbeschlüsse geführt."

Während also für die Kommission in den EG-Verträgen eine starke Stellung vorgesehen war, die in der Anwendungspraxis der Verträge untergraben wurde, fing das Parlament praktisch bei Null an und sah seine Möglichkeiten Stückchen für Stückchen wachsen. Wenn es trotzdem den Maßstäben, die im Staatsrecht an eine parlamentarischen Demokratie angelegt werden, nicht genügt, dann vor allem deshalb, weil es nach wie vor im klassischen Sinne nicht Gesetzgeber ist. Die Rechtsakte der Gemeinschaft (die sogenannten "Richtlinien" und "Verordnungen") kommen grundsätzlich auf Beschluß des Rates zustande. Allerdings hat das Parlament in wachsendem Umfang Möglichkeiten, auf diese Rechtsetzung und damit auf die Gestaltung der Gemeinschaftspolitik Einfluß zu nehmen. In vielen Fällen wird es ihr künftig sogar seinen Stempel aufdrücken können, insbesondere auf den Politikfeldern, für die seit Maastricht eine gemeinsame, einvernehmliche Entscheidung zwischen Rat und Parlament verlangt ist.

Die schwächste Form der Mitwirkung des Parlaments bei der Gestaltung der Gemeinschaftspolitik ist die *Anhörung*. Sie war ursprünglich die fast ausschließliche Form der Beteiligung des Parlaments. Hinzugekommen sind im Jahre 1975 das *Konzertierungsverfahren*, mit der Reform der EG-Verträge durch die Einheitlichen Europäischen Akte von 1987 das *Verfahren der Zusammenarbeit* und seit Inkrafttreten des Vertrages von Maastricht das *Mitentscheidungsverfahren* und das in seinem Anwendungsbereich wesentlich erweiterte *Verfahren der Zustimmung*. Anschließend soll das begrenzte Initiativrecht des Parlaments erläutert werden. Zu klären ist schließlich, welches Verfahren in welchem Umfang und in welchen Bereichen Anwendung findet. Eine Bemerkung vorweg: Insbesondere die Verfahren der Zusammenarbeit und der Mitentscheidung werden dem Leser extrem kompliziert und auch nach mehrmaligen Lesen nur schwer nachvollziehbar erscheinen. Und dies, obwohl hier nur eine vereinfachte Darstellung gegeben wird und etliche denkbare Varianten nicht erörtert werden. Diese Kompliziertheit macht erkennbar, wie hart und zäh zwischen den Institutionen der EG um Spielraum und Zuständigkeiten gerungen wird. Komplizierte Verfahren sind aber auch Ausdruck der Notwendigkeit, oft extrem widersprüchliche, unvereinbar erscheinende Interessen doch noch unter einen Hut zu bringen.

Anhörung

Obwohl die EG-Verträge eine Anhörung des Parlaments längst nicht in allen Fällen vorschreiben, hat es sich eingebürgert, daß der Rat in der Regel zu jedem Vorschlag, der ihm von der Kommission vorgelegt wird, die Meinung des Parlaments einholt.

Wird dies versäumt, so kann das dazu führen, daß ein vom Rat beschlossener Rechtsakt unwirksam ist, wenn eine Anhörung in den EG-Verträgen vorgeschrieben war. Das hat der Europäische Gerichtshof in einer Entscheidung aus dem Jahre 1980 festgestellt.

Damit hat das Parlament auch im Verfahren der Anhörung ein Druckmittel in der Hand. Es kann seine abschließende Stellungnahme verzögern und so bei eilbedürftigen Entscheidungen Druck ausüben, damit seine Wünsche berücksichtigt werden. Trotzdem bleibt die Anhörung die schwächste Form der Beteiligung des Parlaments. Sie wurde zur Enttäuschung der Abgeordneten auch für die in Maastricht beschlossene Gemeinsame Außen- und Sicherheitspolitik und die Zusammenarbeit in den Bereichen Justiz und Inneres vorgesehen. Anders als der EG-Vertrag sieht der Unions-Vertrag, der diese beiden Aufgabenfelder regelt, auch kein Vorschlagsmonopol der Kommission vor.

Konzertierung

Das Konzertierungsverfahren ist nicht in den EG-Verträgen geregelt, es wurde 1975 durch eine gemeinsame Absprache zwischen Parlament, Rat und Kommission eingeführt. Die war notwendig geworden, weil das Parlament durch seine damals neu gewonnenen Haushaltsrechte in die Lage versetzt wurde, in bestimmten Fällen die Verwirklichung von Ratsbeschlüssen dadurch zu verhindern, daß es das Geld dafür verweigerte. Ziel des Konzertierungsverfahrens ist es, für diesen Fall eine Verständigung zwischen Rat und Parlament zu erreichen, also immer dann und nur dann, wenn es um finanzwirksame Beschlüsse der Gemeinschaft geht. Zu diesem Zweck verhandeln die Mitglieder des Rates (also die Minister der Zwölf oder ihre Vertreter) mit einer Delegation des Parlaments über eine Annäherung der Standpunkte. Dabei ging man offenbar davon aus, daß dies immer irgendwie gelingt. Denn es gibt keine Regelung für den Fall, daß keine Annäherung der Standpunkte erreicht wird. In diesem Fall müßte das Parlament auf einer Verweigerung der Finanzmittel beharren.

In der Praxis ist die Konstellation aber meist die, daß der Rat etwas beschlossen hat, was dem Parlament zu zaghaft ist und nicht weit genug geht. Und hier ist das Verfahren der Konzertierung aus folgendem Grund durchaus hilfreich: Alle sitzen an einem Tisch, so wird ein direkten Austausch der Argumente und Positionen möglich, ohne vorgeschalteten bürokratischen Filter auf der Seite der Minister.

Dabei ist es erfahrungsgemäß für die Minister im Rat (schon rein psychologisch) schwierig, systematisch alle Forderungen der Parlamentarier abzuschmettern. Da im Rat zudem von den einzelnen Ländern auch unterschiedliche Positionen vertreten werden, gelingt es gelegentlich, die Sachdiskussion neu aufzurollen.

Zusammenarbeit

Das Verfahren der Zusammenarbeit wurde 1987 mit der Einheitlichen Europäischen Akte eingeführt. Die mehrstufige Prozedur läuft folgendermaßen ab: Die Kommission legt einen Vorschlag für eine Verordnung oder Richtlinie vor. Diesen Vorschlag kann sie während des ganzen Verfahrens jederzeit ändern oder zurückziehen. Das Parlament nimmt zu diesem Vorschlag Stellung. Und der Rat trifft eine Entscheidung.

Die ist aber anders als im Verfahren der Anhörung in diesem Stadium noch nicht endgültig. Entschieden wird zunächst lediglich über einen sogenannten "Gemeinsamen Standpunkt", auf den sich der Rat einigen muß. Und zwar mit qualifizierter Mehrheit, wenn er den Vorschlag der Kommission unverändert übernimmt. Und einstimmig, wenn er in seinem Gemeinsamen Standpunkt vom Vorschlag der Kommission abweichen will. Dieser Gemeinsame Standpunkt kommt dann zu einer zweiten Lesung ins Parlament. Das Parlament hat dann innerhalb einer Dreimonats-Frist drei Möglichkeiten:

- Es kann den Gemeinsamen Standpunkt ausdrücklich oder stillschweigend (durch Verstreichenlassen der Frist) billigen.

- Es kann den Gemeinsamen Standpunkt mit der Mehrheit seiner Abgeordneten (mindestens 260 Stimmen) ablehnen. Dann muß der Rat sich einstimmig und im Einvernehmen mit der Kommission (die den Vorschlag jederzeit zurückziehen kann) über das Votum des Parlaments hinwegsetzen.

- Es kann Änderungen (wiederum mit mindestens 260 Stimmen) am Gemeinsamen Standpunkt vorschlagen.

Schlägt das Parlament Änderungen vor, dann ist zunächst wieder die Kommission am Zug. Sie kann die Änderungsvorschlage des Parlaments übernehmen oder mit Begründung ablehnen. Dann entscheidet der Rat in zweiter Lesung. Auch hier sind wieder zwei Varianten denkbar:

- Der Rat übernimmt den Vorschlag der Kommission (gegebenenfalls mit den von der Kommission übernommenen und in ihren Vorschlag eingebauten Änderungswünschen des Parlaments). In diesem Fall genügt im Rat eine qualifizierte Mehrheit.

- Einstimmigkeit im Rat ist notwendig, wenn er den Vorschlag der Kommission verändern will, also auch dann, wenn er Änderungswünsche des Parlaments übernehmen will, die von der Kommission abgelehnt worden sind. Der Rat muß innerhalb von drei Monaten zu einer Entscheidung kommen, sonst gilt die Vorlage als gescheitert.

Das Verfahren der Zusammenarbeit gab dem Parlament seit seiner Einführung 1987 mehr Spielraum und zum Teil überraschende Handlungsmöglichkeiten. Größter Erfolg war bisher, daß es den Abgeordneten gelang gegen den heftigen Widerstand einiger EG-Mitgliedstaaten 1989 strengere Abgaswerte (und damit der Katalysator) für Kleinwagen ab 1993 EG-weit durchzusetzen. Diese strengen Abgaswerte hatte der Rat zunächst nicht in seinen Gemeinsamen Standpunkt aufgenommen. In der zweiten Lesung forderte das Parlament erneut die strengeren Werte und drohte damit, andernfalls den Gemeinsamen Standpunkt abzulehnen. Da im Rat drei Länder die Position des Parlaments unterstützten, war der Ausweg verbaut, sich über diese Ablehnung einstimmig hinwegzusetzen. Deshalb übernahm die Kommission schließlich die Änderungswünsche des Parlaments in ihren Vorschlag. Die Ratsmehrheit stand damit vor der Alternative, dem zähnknirschend zuzustimmen oder ganz auf einen Beschluß zu verzichten. Letzteres hätte zu großer Unsicherheit bei der Industrie geführt, die wissen wollte, woran sie denn nun war, und ein starkes Interesse an einer EG-einheitlichen Regelung hatte. Also blieb nur noch die Zustimmung, obwohl eine Mehrheit der Mitgliedstaaten den schärferen Grenzwerte eigentlich ablehnend gegenüberstand.

Dem Parlament war es also gelungen, den Rat auszumanövrieren und ihm seinen Willen aufzuzwingen. Dieser Erfolg war an drei Voraussetzungen geknüpft:

- Es bestand Entscheidungsdruck, ein Auf-die-lange-Bank-schieben der Angelegenheit war nicht möglich.

- Die Kommission stellte sich auf die Seite des Parlaments.

- Es gab im Rat Mitgliedstaaten, die nicht bereit waren, bei einem einstimmigen Überstimmen des Parlaments mitzumachen.

Mit dem Verfahren der Zusammenarbeit hat das Parlament eine Reihe weiterer Erfolge erzielt, zum Beispiel strengeren Verbraucherschutz bei Pauschalreisen, mehr Transparenz bei Konsumentenkrediten oder das Verbot von hormonbehandeltem Fleisch. Es konnte so wesentlichen Einfluß auf die Gestaltung des Binnenmarktprogramms nehmen, denn die im entsprechenden Weißbuch der EG-Kommission empfohlenen rund 280 Regelungs-Vorschläge wurden zu einem Großteil im Verfahren der Zusammenarbeit abgewickelt.

Wie eine Untersuchung seiner Generaldirektion Wissenschaft[4] zeigte, konnte das Parlament in den zwischen Juli 1987 und September 1991 abschlossenen 208 Verfahren der Zusammenarbeit (erste und zweite Lesungen zusammengenommen) mit rund 50 Prozent seiner Vorschläge beim Rat durchdringen. 1626 der insgesamt 2734 Änderungsvorschläge des Parlaments wurden von der Kommission in erster Lesung übernommen, vom Rat immerhin noch 1216. Von den 716 Änderungsvorschlägen in zweiter Lesung übernahm die Kommission 366, der Rat 194. Wenn man weiß, daß die meisten Änderungsvorschläge des Parlaments, die in der zweiten Lesung gemacht wurden, bereits in der ersten Lesung gemacht worden waren, kommt man auf die oben erwähnten gut 50 Prozent.

Diese Zahlen sind natürlich mit einer gewissen Vorsicht zu genießen, da sie nichts über die Bedeutung der angenommenen und der abgelehnten Änderungsvorschläge aussagen. Und sie berücksichtigen nicht, daß manche Änderungsvorschläge nur aus taktischen Gründen formuliert wurden, um an anderer Stelle mehr herauszuschlagen. Trotzdem sind die Erfolge, die das Parlament im Verfahren der Zusammenarbeit in den letzten Jahren erzielt hat, unbestreitbar.

Mitentscheidung

Das Mitentscheidungsverfahren wurde in Maastricht neu in den EG-Vertrag eingebaut. Es ist eine Weiterentwicklung des Verfahrens der Zusammenarbeit, von dem es sich vor allem in zwei Punkten unterscheidet:

- Wenn das Parlament in zweiter Lesung einen Vorlage ablehnt, dann kann der Rat sich darüber nicht mehr einstimmig hinwegsetzen. Das Parlament hat also ein Veto-Recht.

---

[4] Siehe dazu und zum Verfahren der Zusammenarbeit allgemein ausführlich *Jacobs/Corbett/Shackleton* (1992), 185 - 187.

- Es wird ein Vermittlungsverfahren eingeführt, das angewandt wird, wenn der Rat nicht alle Änderungsvorschläge des Parlaments übernehmen will. Dann müssen wie beim Konzertierungsverfahren die Mitglieders des Rats oder und eine Delegation des Parlaments gemeinsam nach einem Kompromiß suchen. Der bedarf einer qualifizierten Mehrheit unter den Vertretern des Rates und einer Mehrheit in der Delegation des Parlaments. Um rechtskräftig zu werden, muß der erzielte Kompromiß dann innerhalb von sechs Wochen im Rat mit qualifizierter Mehrheit und im Parlament mit absoluter Mehrheit der abgegebenen Stimmen gebilligt werden.

Kann sich der Vermittlungsausschuß nicht auf einen Kompromiß einigen, so kann der Rat einseitig den Gemeinsamen Standpunkt bestätigen, den er vor Eröffnung des Vermittlungsverfahrens eingenommen hatte. Der erlangt Rechtskraft, wenn ihn das Parlament nicht binnen sechs Wochen mit der absoluten Mehrheit seiner Mitglieder ablehnt.

Diese Vorschrift sorgt für eine Schlagseite des Verfahrens zugunsten des Rats immer dann, wenn das Parlament ein Interesse daran hat, daß in einem Politik-Bereich überhaupt etwas geschieht. Dann wird das Parlament auf ein Veto gegen einen halbherzigen Beschluß des Rates verzichten. Denn es hat ja nur die Alternative einer vollständigen Blockade. Eine solche Nein-Sager-Position wäre womöglich auch seinem Ansehen in der Öffentlichkeit abträglich, weil es dann als Bremser und Anstifter von Konflikten hingestellt werden könnte. Das Parlament kann so leicht in ein "Friß'-oder-Stirb'"-Dilemma geraten.

Deshalb sieht der Vertrag von Maastricht nach mehrheitlicher Meinung des Europäischen Parlaments "kein wirkliches Verfahren der Mitentscheidung vor, wodurch das EP und der Rat bei der Entscheidung über Rechtsakte gleiche Befugnisse hätten, da der Rat auch bei fehlender Zustimmung des EP einseitige Beschlüsse fassen kann."[5]

Wahrscheinlich ist dies eine zu skeptische Betrachtungsweise, die nicht berücksichtigt, daß es künftig mehr und mehr um die Änderung bereits bestehender Regelungen gehen wird, also nicht mehr darum, der Gemeinschaft neue Tätigkeitsfelder zu erschließen. Wenn aber die Entscheidung, ob die Gemeinschaft überhaupt regelnd tätig werden darf und soll, bereits gefallen ist, können die Abgeordneten damit nicht mehr erpreßt werden.

---

[5] Entschließung des Europäischen Parlaments vom 7.4.92, dokumentiert in *EP* (1992).

Andererseits werden ihre Vetomöglichkeiten zu handhabbaren politischen Waffen. Da gegen ihr Veto viele Änderungen vor allem an den Binnenmarktregelungen nicht mehr möglich sein werden, können die Abgeordneten künftig für ihre Zustimmung jeweils einen politischen Preis verlangen, also den Spieß umdrehen und nun ihrerseits Ministerrat und Europäische Kommission in die "Friß'-oder-stirb'"-Position zwingen. Dazu kommt, daß auch die Nein-Sager-Position in der Öffentlichkeit ein positives Echo finden kann, etwa wenn es darum geht, Rückschritte in der Umweltpolitik zu verhindern.

Entscheidend ist schließlich, daß das Europäische Parlament mit seinem neuen Veto-Recht erstmals für die Öffentlichkeit klar erkennbar an das Ende des Entscheidungsverfahrens rückt, also das letzte Wort bekommt. Das ist psychologisch von kaum zu überschätzenden Bedeutung, denn es ändert die Art und Weise der Berichterstattung über das Europäische Parlament grundlegend. Bisher stand die meist unter der Leitfrage: "Wird der Rat die Vorschläge des Parlaments akzeptieren?" Die Rolle des Parlaments war also leicht als die eines Bittstellers mißzuverstehen. Jetzt lautet die Leitfrage häufig anders, nämlich so: "Wird das Parlament den Kompromißvorschlag des Rates akzeptieren oder müssen die Minister der Zwölf noch mal nachbessern?"

Zustimmung

Das Verfahren der Zustimmung ist im Vergleich zum Verfahren der Mitentscheidung wesentlich einfacher. Wenn der EG-Vertrag dieses Verfahren vorschreibt, gibt es nur eine Lesung und der zu beratende Rechtsakt kann anschließend nur wirksam werden, wenn das Parlament seine Zustimmung gegeben hat. Normalerweise genügt dazu die Mehrheit der abgegebenen Stimmen, in einigen Fällen muß eine Mehrheit der dem Parlament tatsächlich angehörenden Abgeordneten zustimmen. Das Verfahren der Zustimmung läßt anders als das Verfahren der Mitentscheidung keinen Spielraum für Änderungsanträge oder für ein Vermittlungsverfahren. Das Parlament kann nur den Vorschlag insgesamt annehmen oder verwerfen, es kann ihn nicht modifizieren.

Das Verfahren der Zustimmung wurde mit der Einheitlichen Europäischen Akte von 1987 eingeführt. Vorgesehen war es zunächst nur für die Aufnahme von neuen Mitgliedern in die Gemeinschaft und für Assoziierungsabkommen der Gemeinschaft mit Drittstaaten. Mit den Beschlüssen von Maastricht wurde es auf einige andere Bereiche ausgedehnt. Zum Beispiel braucht der Rat künftig die Zustimmung des Parlaments, wenn er ein einheitliches Wahlverfahren für die Europawahlen einführen will.

Das Verfahren der Zustimmung hat sich schon bisher als handhabbares Instrument erwiesen, wenn es darum ging, auf die Außenbeziehungen der Gemeinschaft Einfluß zu nehmen. Am meisten Aufsehen hat erregt, als das Parlament drei Abkommen der Gemeinschaft mit Israel blockierte, um damit bessere Bedingungen für Exporte von Palästinensern aus der von Israel besetzten Westbank zu ertrotzen. Verzögert hat das Parlament auch schon das Inkrafttreten von Abkommen mit der Türkei, mit Syrien und mit Marokko, um auf die Verletzung von Bürger- und Menschenrechten dort aufmerksam zu machen.

Mit dem Verfahren der Zustimmung hat das Parlament auch einen Hebel in der Hand, um auf die in Maastricht beschlossene Gemeinsame Außen- und Sicherheitspolitik Einfluß zu nehmen. Und zwar immer dann, wenn es darum geht, im Namen der Gemeinschaft wichtige Abkommen mit Drittstaaten abzuschließen. Und das ist bislang das entscheidende Instrument zur Gestaltung der Außenbeziehungen der Gemeinschaft.

Die Verweigerung der Zustimmung zu solchen Abkommen oder allein schon die Drohung damit kann Rat und Kommission dazu bringen, den Empfehlungen des Parlaments wirklich Gehör zu schenken. Die Zustimmung des Parlaments ist dabei nicht allein bei Abschluß des Abkommens erforderlich, sondern auch für Vertragsergänzungen, -änderungen, und -fortschreibungen (z. B. von zeitlich befristeten Finanzprotokollen).

Das Verfahren der Zustimmung gibt dem Parlament also erhebliche Verknüpfungsmacht. Etliche Abgeordnete sehen in dem Verfahren deshalb auch ein Instrument, um auf anderen Feldern Zugeständnisse zu erzwingen. Eine entsprechende Initiative gab es im Vorfeld des Gipfels von Maastricht. Rund 130 Abgeordnete unterschrieben im Sommer 1991 eine "Erklärung für Demokratie in der Europäischen Gemeinschaft" und drohten damit, keine Verträge der Gemeinschaft mit Drittstaaten mehr zu billigen, wenn das Europäische Parlament nicht in seinen Rechten gestärkt werde.[6]

Solche Drohungen können auch Neuauflagen erleben, wenn Entscheidungen über eine Erweiterung der Union anstehen. Denn auch die Aufnahme von neuen Mitgliedern bedarf der Zustimmung des Europäischen Parlaments. Das Junktim "Neue Mitglieder nur gegen mehr Demokratie" klingt auf den ersten Blick verführerisch, ist allerdings bei näherem Hinsehen sehr problematisch und muß mit Vorsicht gehandhabt werden.

---

[6] Siehe dazu den Bericht in der Wochenzeitung "Das Parlament" vom 5.7.91.

Das Parlament setzt sich damit sonst womöglich dem Vorwurf aus, Beitrittskandidaten gewissermaßen als Geiseln zu nehmen, um seine Interessen durchzusetzen. Die Abgeordneten müssen aber sorgsam darauf achten, daß sie keine Angriffsflächen bieten, die es ihren Gegnern erlauben, sie mit dem Etikett zu versehen, sie seien verantwortungslos im Umgang mit ihren Befugnissen.

Initiativrecht

Das Recht, eine Gesetzesinitiative zu starten, gehört zum klassischen Repertoire parlamentarischer Möglichkeiten. In diesem Punkt ist das Europäische Parlament gehandikapt, denn die Europäische Kommission hat auch nach Maastricht ihr Quasi-Monopol zur Vorlage von Richtlinien und Verordnungen der Gemeinschaft behalten.

Verlangt hatten die Abgeordneten nicht ein uneingeschränktes Vorschlagsrecht, sondern das Recht, bei Untätigkeit der Kommission an deren Stelle handeln und selbst Vorschläge unterbreiten zu können, die dann die Grundlage für das weitere Rechtsetzungsverfahren gebildet hätten. Diese Befugniserweiterung auf Kosten der Kommission wurde dem Parlament aber in Maastricht nicht zugestanden. Der geänderte EG-Vertrag gibt ihm - genau wie seit jeher schon dem Rat - allerdings ausdrücklich das Recht, die Kommission zum Handeln aufzufordern.

Das haben die Abgeordneten auch bisher schon getan, ihre Empfehlungen und Forderungen waren und sind aber für die Kommission nicht bindend. Diese hat sich aber immerhin selbst verpflichtet, ihre Ablehnung zu begründen, wenn sie die Empfehlungen des Parlaments nicht aufnehmen will. Daß die Kommission künftig vor ihrer Ernennung ein Zustimmungsvotum des Parlaments braucht und damit stärker auf die Unterstützung der Abgeordneten angewiesen ist als bisher, dürfte die Kommissare womöglich für Vorschläge und Wünsche des Parlaments künftig aufgeschlossener machen.

Als weitere Waffe bleibt dem Parlament die Möglichkeit, die Kommission wegen Untätigkeit vor dem Europäischen Gerichtshof zu verklagen. Jüngstes Beispiel hierfür ist die Klage des Parlaments vor dem Gerichtshof in Luxemburg, um die Abschaffung der Personenkontrollen an den Binnengrenzen der Gemeinschaft zu erzwingen. Geklagt haben die Abgeordneten in Luxemburg auch schon wegen Untätigkeit der Gemeinschaft auf dem Felde der Verkehrspolitik.

In bestimmten Fällen konnte das Parlament ein Handeln von Kommission und Rat auch dadurch anstoßen, daß es seine Haushaltsrechte[7] nutzte und für von ihm gewünschte Vorhaben einfach Mittel in den Haushalt der Gemeinschaft einsetzte.

Die Hoffnung dabei war, daß der Rat mit entsprechenden inhaltlichen Beschlüssen nachziehen würde. Auf diesem Weg wurde Nahrungsmittelhilfe für Krisenregionen zu einem wichtigen Bestandteil der Entwicklungshilfepolitik der Gemeinschaft gemacht. Auch das Rüstungskonversionsprogramm der Gemeinschaft wurde so initiiert. Umgekehrt kann auch die Drohung mit Haushaltskürzungen oder Mittelsperrungen ein Hebel sein, um Kommission und Rat zum Handeln oder zur Änderung ihrer Politik zu zwingen.

Anwendungsbereiche

Bis hierhin sind die Instrumente im einzelnen angeführt worden, mit denen das Europäische Parlament auf die Ausgestaltung der Integrationspolitik Einfluß nehmen kann. Die große Zahl der vorhandenen Instrumente läßt zumindest den Schluß zu, daß das Europäische Parlament nicht so völlig machtlos ist, wie es gelegentlich noch dargestellt wird.

Die Anwendungsbereiche der oben im einzelnen geschilderten Verfahren sind allerdings unterschiedlich groß und wichtig. Deshalb gehört die Frage, welches Verfahren für welchen Bereich der Gemeinschaftspolitik Anwendung findet, zu den brisantesten in der Auslegung der Gemeinschaftsverträge.

Ein Beispiel: Als es nach der Atomkatastrophe von Tschernobyl darum ging, Grenzwerte für Radioaktivität in Lebensmitteln festzulegen, schlug die Kommission einen Artikel im Euratom-Vertrag als Rechtsgrundlage vor, der nur eine Anhörung des Parlaments vorsah. Das Parlament forderte dagegen einen Artikel des EWG-Vertrages als Grundlage, der ein Verfahren der Zusammenarbeit notwendig gemacht hätte. Die Kommission lehnte ab. Daraufhin verhinderte das Parlament zunächst eine endgültige Entscheidung des Rates, indem es seine im Verfahren der Anhörung vorgesehene Stellungnahme hinauszögerte.

---

[7] Wenn es um die Festsetzung der Höhe der Eigenmittel der Gemeinschaft geht, wird das Europäische Parlament nur angehört, die Entscheidung darüber liegt beim Rat und bei den nationalen Parlamenten in den Mitgliedstaaten. In dem von ihnen festgesetzten Finanzrahmen hat das Parlament dann aber - grob gesprochen - bei der Verwendung der Mittel das letzte Wort, sofern es sich nicht um Agrarausgaben (= rund 50 % des Haushalts) handelt.

Dies zwang den Rat dazu, die strengen Übergangswerte für Radioaktivität zunächst provisorisch zu verlängern. Danach gaben die Abgeordneten eine ablehnende Stellungnahme zu den von der Kommission vorgeschlagenen weniger strengen Grenzwerten ab. Die wurden trotzdem vom Rat beschlossen. Daraufhin zog das Europäische Parlament vor den Europäischen Gerichtshof und klagte dagegen, weil der Beschluß des Rates seiner Meinung nach auf einer falschen Rechtsgrundlage zustandegekommen war. In diesem Fall wurde die Klage des Europäischen Parlaments allerdings vom Europäischen Gerichtshof verworfen.

Zur Frage der jeweils anzuwendenden Entscheidungsverfahren sollen nun ein paar Faustregeln formuliert werden, für die allerdings gilt, was sich auch über die Rechtschreibe-Regeln im Duden sagen läßt: Die Zahl der Ausnahmen ist manchmal beinahe so groß wie die der regelmäßigen Fälle.

Regel A: In den traditionellen Kernbereichen der Gemeinschaftspolitik ist die Beteiligung des Parlaments am stärksten ausgebaut. So gilt zum Beispiel für die Aufrechterhaltung und Weiterentwicklung des gemeinsamen Binnenmarktes (über den entscheidend wichtigen Artikel 100a des EG-Vertrages, den sogenannten Binnenmarktartikel) und der Freizügigkeit für Arbeitnehmer das Verfahren der Mitentscheidung.

Ausnahme: Hier ist insbesondere die gemeinsame Agrarpolitik zu nennen, für die lediglich das Verfahren der Anhörung vorgesehen ist.

Regel B: Wo neue Felder der Zusammenarbeit betreten werden, gilt für das Parlament die schwächste Form der Beteiligung, das Verfahren der Anhörung. Dies trifft insbesondere für die in Maastricht beschlossene Gemeinsame Außen- und Sicherheitspolitik und für die Zusammenarbeit in den Bereichen Justiz und Inneres zu.

Diese Bereiche sind übrigens nicht nur dem direkten Zugriff des Parlaments weitgehend entzogen, sondern auch einer Kontrolle durch den Europäischen Gerichtshof, weil sie zwar im Unions-Vertrag, aber außerhalb der Gemeinschaftsverträge geregelt sind.

Regel C: Wo nicht alle Unions-Staaten gleichzeitig und gemeinsam handeln und mehrere Integrationsgeschwindigkeiten möglich und vorgesehen sind, gilt für das Parlament ebenfalls die schwächste Form der Beteiligung. Dies trifft insbesondere für die geplante Wirtschafts- und Währungsunion zu, für die zudem noch ergänzend Regel B anwendbar ist.

Ausnahme: Das "Abkommen über die Sozialpolitik", mit dem alle Mitgliedstaaten mit Ausnahme Großbritanniens ein gemeinsames Handeln im Sinne der EG-Sozialcharta verabredet haben und das in Teilbereichen die Anwendung des Verfahrens der Zusammenarbeit vorsieht.

Regel D: Wenn neue Mitgliedstaaten aufgenommen werden sollen, geht dies nur mit Zustimmung des Parlaments. Gleiches gilt für die meisten Abkommen, die im Namen der Gemeinschaft mit Drittstaaten geschlossen werden sollen. Auch Änderungen und Fortschreibungen dieser Abkommen sind in der Regel zustimmungspflichtig.

Gesamtbewertung

Frage: Unter welcher Bedingung wäre ein Europäisches Parlament überflüssig? Antwort: Wenn alle Entscheidungen im Rat nur einstimmig getroffen würden. Denn dann wäre die lückenlose parlamentarische Kontrolle des Handelns der Union durch die nationalen Parlamente möglich. Die nationalen Parlamente könnten ihre Regierungen zwingen, vor Ratsentscheidungen eine Stellungnahme einzuholen und sich dann bei der Abstimmung im Rat daran zu halten.

Die Folge davon ist allerdings bekannt: weitgehende Handlungsunfähigkeit der Union. Fortschritt wäre immer nur auf dem von allen akzeptierten kleinsten gemeinsamen Nenner möglich. Diese weitgehende Handlungsunfähigkeit ("Eurosklerose") hat die Gemeinschaft in den 70er und Anfang der 80er Jahre schmerzhaft durchlebt, nachdem de Gaulle mit seinem "Luxemburger Kompromiß" de facto das Einstimmigkeitsprinzip durchgesetzt hatte.

Wer eine handlungsfähige Gemeinschaft haben will, muß also weg vom Einstimmigkeitsprinzip, muß zurück zur Mehrheitsregel, wie sie in den Römischen Verträgen Ende der 50er Jahre ja für viele Bereiche verabredet worden war. Dieses Zurück zur Mehrheitsregel ist seit Mitte der 80er Jahre in größerem Umfang erfolgt und gab den nötigen Schwung bei der weitgehend gelungenen Verwirklichung der Ziele des Binnenmarktes. Auch aufgrund dieser Erfahrungen fordert das Europäische Parlament eine fast völlige Abkehr vom Einstimmigkeitsprinzip im Rat. Einstimmigkeit soll nur noch erforderlich sein beim Beitritt neuer Mitgliedstaaten, bei Änderung der Verträge und bei Ausweitung der Zuständigkeiten der Gemeinschaft mit Hilfe von Artikel 235 des EG-Vertrages, dem Artikel für unvorhergesehene Fälle.

Die Forderung nach Mehrheitsentscheidungen im Rat liegt natürlich auch im wohlverstandenen Eigeninteresse des Europäischen Parlaments: In dem Augenblick, wo im Rat mit Mehrheit entschieden werden kann, verlieren die nationalen Parlamente alle zusammen ihre Kontrolle über ihn. Und jedes Parlament für sich genommen verliert die Kontrolle über das Handeln seiner Regierung. Denn die kann im Rat ja überstimmt werden oder sich augenzwinkernd überstimmen lassen, wenn sie dem Votum ihres Parlaments zu Hause nicht folgen will (Motto: "Wir haben in Brüssel gekämpft wie die Löwen, aber leider, leider war mehr nicht möglich...").

Diese Lücke parlamentarischer Kontrolle zu füllen, ist erklärtes Ziel und Daseinsberechtigung des Europäischen Parlaments. Und diese Lücke läßt sich glaubhaft nur schließen, wenn das Europäische Parlament immer dann über ein Verfahren der gleichberechtigten Mitentscheidung beteiligt ist, wenn der Rat mit Mehrheit entscheidet. Diese logisch zwingend erscheinende Kombination von Handlungsfähigkeit und parlamentarischer Kontrolle wird in den EG-Verträgen auch nach Maastricht nur teilweise respektiert.

So gibt es etliche Bereiche, in denen der Rat mit Mehrheit entscheiden kann, das Parlament aber nur angehört wird. Das gilt - um nur zwei wichtige Bereiche zu nennen - für die Agrarpolitik, die mit über 3000 Rechtsakten pro Jahr immer noch den Löwenanteil der gemeinschaftlichen Rechtsetzung ausmacht. Das gilt aber zum Beispiel auch für die einheitliche Gestaltung der Visapolitik gegenüber Drittstaaten (und damit implizit für die Zuwanderungspolitik der Union), die der Rat ab 1996 mit qualifizierter Mehrheit festlegen kann.

Trotz solcher Einschränkungen ist das Europäische Parlament seinem Ziel, neben dem Rat gleichberechtigter Gesetzgeber der Union zu werden, ein gutes Stück näher gerückt. Von der für 1996 vorgesehenen Revisionskonferenz zu Maastricht kann zudem eine Ausdehnung der Anwendungsbereiche des Verfahrens der Mitentscheidung erwartet werden.

Außerdem greift eine Analyse zu kurz, die sich darauf beschränkt, eine statische, formaljuristische Bestandsaufnahme der Entscheidungsverfahren der Gemeinschaft und ihrer Anwendungsbereiche zu machen und allein daraus auf die politischen Möglichkeiten der einzelnen Institutionen zu schließen. Damit wird man der Dynamik der Entscheidungsprozesse in der Gemeinschaft nicht gerecht. Weil diese Gemeinschaft so konstruiert ist, daß keines ihrer Organe allein handlungsfähig ist, ist vor allem auch der schon erwähnte gewachsene Einfluß des Parlaments auf die Europäische Kommission von besonderer Wichtigkeit.

Wahrscheinlich ist, daß der Rat deswegen künftig häufig in eine Position gerät, die jeder Skatspieler fürchtet: zwischen zwei starke Spieler (Kommission und Parlament), die gut kooperieren. Als Trumpf kann die Kommission dabei vor allem ihr nach wie vor vertraglich garantiertes Vorschlagsmonopol im Rechtsetzungsverfahren ausspielen und so entscheiden, was als Diskussionsgrundlage auf den Tisch des Rates kommt. Trumpf der Abgeordneten ist künftig ihre Veto-Drohung, wenn der Rat die Vorschläge der Kommission zu sehr verwässern sollte. War die Kommission bisher vor allem mit der frustrierenden Suche nach dem kleinsten gemeinsamen Nenner für den Rat beschäftigt, so kann sie künftig mit dem Parlament eine *Integrations-Allianz* bilden - zumindest immer dann, wenn Entscheidungsdruck besteht und der Rat sich nicht durch Vertagen aus der Affäre ziehen kann.

Wenn das Parlament die gewachsene Abhängigheit der Kommissare von parlamentarischem Rückhalt voll auszuschöpfen versteht, erscheint durchaus denkbar, daß die Europäische Kommission sich in den Vorschlägen, die sie dem Rat unterbreitet, auch dann stark an den Vorstellungen der Abgeordneten orientiert, wenn diese laut Vertrag nur über ein Verfahren der Anhörung an der Entscheidung beteiligt sind. Damit gewinnt das Parlament weiter an sogenannter "agenda setting power"[8], also an Fähigkeit, den anderen am Entscheidungsprozeß beteiligten Institutionen die politische Tagesordnung und Entscheidungsalternativen zu diktieren. Die Fähigkeit dazu ist im Entscheidungsprozeß der Gemeinschaft oft von größerer politischer Bedeutung als die förmliche vertragliche Entscheidungskompetenz.

---

[8] Siehe ausführlich zu diesem Konzept *Tsebelis* (1992).

6. Der Wanderzirkus von Babylon: Wie das multikulturelle Experiment funktioniert

"Ich erinnere mich aus meiner Kindheit, daß ein Wanderzirkus etwas Gutes war. Er brachte nämlich Tiere und eine Verbindung zur Außenwelt und zur Öffentlichkeit."[1]

Straßburg, Brüssel und Luxemburg - die Arbeit des Europäischen Parlaments, seiner Abgeordneten und Bediensteten verteilt sich auf nicht weniger als drei Städte. Das Ärgerlichste daran ist womöglich nicht einmal, daß dadurch eine permanente und zum Teil überflüssige Hin- und Herreiserei entsteht.

Ärgerlich ist vor allem, daß auch der unvoreingenommene Bürger (und Steuerzahler) an der Ernsthaftigkeit des ganzen Unterfangens zu zweifeln beginnt, wenn die leidige "Sitzfrage" angeschnitten wird. Ein Parlament mit Abgeordneten von fast 80 unterschiedlichen Parteien aus zwölf Ländern, mit neun Arbeitssprachen und dann auch noch verteilt auf Arbeitsorte in drei verschiedenen Ländern - und das soll funktionieren? Ist diese absurd erscheinende Arbeitsorganisation nicht der beste Beweis dafür, daß es nicht darum geht, ernsthafte parlamentarische Arbeit zu leisten, sondern eher darum, parlamentarisches Theater aufzuführen, während anderswo die Entscheidungen fallen?

Solche Fragen bewegen zwar den Europaabgeordneten, der vor dem Bürger seine Arbeit rechtfertigen muß. Auf dem Gipfeltreffen der zwölf Staats- und Regierungschefs der Gemeinschaft am 11. und 12. Dezember 1992 in Edinburgh gaben sie nicht den Ausschlag.

Die "Sitzfrage"

Auf dem Gipfel von Edinburgh wurde die Verteilung der Arbeit des Europäischen Parlaments auf die drei eingangs erwähnten Städte ausdrücklich

[1] Der SPD-Europaabgeordnete Dieter Rogalla am 13.10.93 vor dem Plenum des Europäischen Parlaments in Brüssel.

festgeschrieben, wurde somit offiziell beschlossen, was bis dahin nur als "vorläufig" galt. Laut Artikel 216 des EG-Vertrages liegt es bei den Regierungen der Mitgliedstaaten, im Einvernehmen über den Sitz der Organe der Gemeinschaft zu entscheiden. Das geschah auf dem Gipfeltreffen von Edinburgh, und die das Europäische Parlament betreffende Passage in dem Beschluß zu dieser Frage hat folgenden Wortlaut:

> "Das Europäische Parlament hat seinen Sitz in Straßburg; dort hält es die zwölf monatlich stattfindenden Plenartagungen einschließlich der Haushaltstagung ab. Zusätzliche Plenartagungen finden in Brüssel statt. Die Ausschüsse des Parlaments treten in Brüssel zusammen. Das Generalsekretariat und dessen Dienststellen verbleiben in Luxemburg."[2]

Konsequenz dieses Beschlusses ist, daß fest- und fortgeschrieben wird, was bisher bereits Praxis war und immer wieder als "vorläufig" eingestuft wurde: Das Plenum des Parlaments tagt meist in Straßburg, und zwar in der Regel einmal im Monat eine Woche lang. Zusätzlich gibt es seit 1993 allerdings Plenarsitzungen von jeweils zwei halben Tagen Dauer in Brüssel. Für 1994 sind laut vom Parlament im Juli 1993 beschlossenen Sitzungskalender insgesamt vier solcher zusätzlichen Plenarsitzungen vorgesehen. Tagungsort für Fraktionen und Ausschüsse außerhalb der Straßburger Plenarwochen ist Brüssel, nach Bedarf werden aber auch während der Plenarwochen in Straßburg und gelegentlich in Luxemburg Fraktions- und Ausschußsitzungen anberaumt.

Das Generalsekretariat, also die Verwaltung des Parlaments hat ihren Sitz in Luxemburg. Allerdings sind nicht alle rund 3250 Beamten der Parlamentsverwaltung in Luxemburg beschäftigt, über 800 davon haben inzwischen ihren Dienstort in Brüssel, müssen aber genau wie ihre Kollegen in Luxemburg bei Bedarf zu den Sitzungswochen in Straßburg anreisen. Und auch in Straßburg hat das Europäische Parlament inzwischen eine kleine sogenannte "Antenne" mit rund 20 Beamten auch außerhalb der Sitzungswochen in Permanenz vor Ort.

Der Mitarbeiterstab der Fraktionen (für alle acht Fraktionen insgesamt rund 550 Planstellen auf Zeit) ist inzwischen ganz überwiegend in Brüssel angesiedelt, in Luxemburg verblieben sind für die Fraktionen nur einige wenige Stellen.

---

[2] Zitiert nach Rat (1992), 47. Von seiten des Parlaments wird allerdings die rechtliche Gültigkeit dieses Beschlusses der Staats- und Regierungschefs angezweifelt. Dies geht aus einem Beschluß des Parlaments vom 20.4.93 hervor, der als Anhang zur Geschäftsordnung (vom Oktober 1993, vorläufige Ausgabe) veröffentlicht wurde. Damit steht die Möglichkeit, daß die "Sitzfrage" erneut den Europäischen Gerichtshof beschäftigen könnte, weiterhin im Raum.

Die Aufteilung der Arbeit auf drei Orte führt dazu, daß das Parlament an allen drei Orten Sitzungssäle und Gebäude haben muß. Der bisher vorwiegend genutzte Plenarsaal ist der in Straßburg, er gehört dem Europarat. Das Europäische Parlament ist also nur Mieter, der in seiner eigenen Terminplanung zudem Rücksicht nehmen muß auf den Sitzungskalender der Parlamentarischen Versammlung des Europarats.

Am 29. und 30. September 1993 tagten die Europaabgeordneten zum ersten Mal in ihrem neuen Plenargebäude in Brüssel. Dieses Plenargebäude (mit 750 Plätzen und erweiterbar auf 900 Plätze) ist nur erster Teil eines ganzen Gebäudekomplexes, der nach seiner für 1996 geplanten Fertigstellung weit über fünfzig Sitzungs- und Konferenzsäle und 2600 Büros umfassen soll. Die Gesamtkosten dafür belaufen sich auf rund 2 Milliarden Mark, die über einen Erbbauvertrag und einen Leasing-Vertrag nach und nach aus dem Haushalt der Gemeinschaft finanziert werden müssen. Mit der Fertigstellung des Projekts ist das Europäische Parlament dann auch für die anstehenden Erweiterungen der Gemeinschaft gewappnet, in deren Folge sich die Zahl seiner Abgeordneten und Mitarbeiter weiter erhöhen wird.

In der Perspektive eines größer werdenden Parlaments steht auch der Bau eines neuen Plenarsaals in Straßburg, für den der Startschuß im Herbst 1993 fiel. Der neue Plenarsaal in Straßburg soll 750 Plätze haben, geplant ist zudem der Bau von 1133 Büros. Die Arbeiten sollen Ende 1996/Anfang 1997 abgeschlossen sein und rund 750 000 Millionen Mark kosten.[3]

An den Ausmaßen des Bauprojekts in Brüssel wurde nicht nur in den Medien, sondern auch von Parlamentariern selbst Kritik geübt. So schrieb der CSU-Europaabgeordnete Otto von Habsburg:

> "Irgendwie erinnert dieses neue Gebäude an das, was Breschnew in den durch den Kommunismus beherrschten Ländern gebaut hat. Um es in einer einfachen Formel zusammenzufassen: Er hat das denkbar Teuerste bei möglichst schlechtem Geschmack hingestellt. (...) Man schimpft sehr oft über das Europa-Parlament. Sachlich ist dies oft unberechtigt. In diesem konkreten Fall aber muß man anerkennen, daß hier etwas gegen die Interessen der Bevölkerung geschehen ist. Dabei wurden die Mandatare weitgehend ausgeschaltet, und am Schluß standen sie vor vollendeten Tatsachen. Wir haben hier, wie oftmals auch in den Einzelstaaten, eine von der Bürokratie geleitete Operation mit dem Ziel, die zuständigen Instanzen mehr oder weniger legal zu umgehen."[4]

---

[3] Sämtliche Zahlenangaben aus: Tribune pour l'Europe, Informations du Parlement Européen, Oktober 1993.

[4] PANEUROPA intern, 13. Jahrgang, Nr. 14, 19.11.93.

Auch an der Tatsache, daß in Straßburg ebenfalls neu gebaut werden soll, wurde und wird zum Teil heftige Kritik geübt. Hans Peters (SPD), Vizepräsident des Europäischen Parlaments und Vorsitzender des Immobilienausschusses des Parlamentspräsidiums, schrieb dazu im Informationsdienst der Bonner Vertretung der Europäischen Kommission an die Adresse der Kritiker innerhalb und außerhalb des Parlaments:

"Die Beibehaltung von Straßburg ist neben der rechtlichen Frage eine eminent politische. Würde Straßburg als Sitz des Parlaments aufgegeben, wäre das für Frankreich ein politischer Affront. Vor allem wir Deutsche wissen, daß man aus politischen Gründen manchmal zusätzliche Kosten übernehmen muß. Wir haben zum Beispiel 6,5 Milliarden DM pro Jahr der DDR gegeben, um die Grenze durchlässiger zu machen. Und wir machen jetzt Berlin zu einem Parlaments- und Regierungssitz unter Beibehaltung großer Funktionen in Bonn - eine zehnfach teurere Doppellösung als wir sie in Europa, ebenfalls aus politischen Gründen, haben. Da sage ich, da sagt die Mehrheit des Parlaments - und hat es auch so beschlossen - aus Gründen der politischen Hygiene, der Anerkennung der deutsch-französischen Aussöhnung, der Anerkennung der Rolle Straßburgs in der Geschichte als europäische Hauptstadt, muß man diese Lösung Straßburg akzeptieren mit der Folge, daß nun zwei Gebäude errichtet werden, die dem Parlament dienen und funktionsgerecht sowie auf Zuwachs orientiert sind. Das Straßburger Gebäude wird wesentlich kleiner sein. Das ist natürlich in Zeiten knapper werdender Kassen der Nationalstaaten, aber auch der Europäischen Gemeinschaft, nicht einfach. Würden wir die Gebäude - das gilt auch für das Brüsseler Projekt - jetzt nicht errichten, dann gibt es in absehbarer Zeit keine angemessenen Arbeitsbedingungen. Hätten Baumeister des Mittelalters den Bau großer historischer Bauten oder Dome davon abhängig gemacht, ob gerade viel Geld da ist oder nicht, ob die Menschen zustimmen oder nicht, gäbe es kein Holsten Tor, kein Bonner Münster. Billigen wir der ersten Gewalt im Staate, dem vom Volk direkt gewählten Parlament, aber kein entsprechend repräsentatives Gebäude ohne übertriebenen Aufwand zu, lehnen wir die erste Gewalt im Staate ab. Das gilt für nationale Parlamente ebenso wie für das Europäische Parlament mit seiner wachsenden Rolle als Gesetzgeber der EG und ersten Gewalt in dem sich zur politischen Union entwickelnden Europa."[5]

Die Verteilung des Europäischen Parlaments und seiner Dienststellen auf Brüssel, Luxemburg und Straßburg bedeutet nicht nur höhere Ausgaben für Immobilien, sondern auch einen zusätzlichen Aufwand an Reise- und Transportkosten. Parlamentspräsident Egon Klepsch hat den Anteil des Haushalts, der durch die Verteilung auf mehrere Arbeitsorte bedingt ist, auf 15 Prozent beziffert.[6] 30 Prozent seien dagegen durch die Mehrsprachigkeit des Parlaments bedingt, von der weiter unten noch die Rede sein wird. Zuvor soll kurz die Frage angeschnitten werden, wie es zu diesem Hin und Her um den Sitz des Europäischen Parlaments überhaupt kam.

---

[5] EG-Nachrichten Nr. 40 vom 18.10.93.

[6] Laut Info-Memo Nr. 134 des Europäischen Parlaments vom 13.10.93.

Dazu gibt es aus der Sicht der an dem Tauziehen um das Parlament beteiligten Länder und Politiker naturgemäß erheblich voneinander abweichende Versionen. Der entscheidende Geburtsfehler war aber wohl der, daß es ganz zu Beginn in der Anfangsphase der Gemeinschaft in den 50er Jahren durchaus den Willen gab, sich auf einen einzigen Sitz für alle wichtigen EG-Institutionen zu verständigen, aber keine Stadt bereit oder in der Lage war, alles auf einen Schlag unterzubringen. So entstanden Provisorien und "vorläufige" Lösungen, die bald eine Eigendynamik entwickelten und im Lauf der Jahre zu Besitzständen, zum schwer veränderbaren Status quo wurden.

Die Dreierkonstellation Brüssel-Luxemburg-Straßburg fanden die ersten direkt gewählten Europaabgeordneten 1979 dann für ihr Parlament vor und ihre Versuche, davon wegzukommen, scheiterten - insbesondere am Veto des Großherzogtums Luxemburg, das in der Sitzfrage mehrfach vor den Europäischen Gerichtshof gegen Beschlüsse des Parlaments klagte. So wurde vom Gerichtshof ein Beschluß des Parlaments vom Juli 1983 für nichtig erklärt, der vorsah, große Teile des Generalsekretariats aus Luxemburg abzuziehen und nach Brüssel und Straßburg zu verlegen.

Die Grundidee dabei war, die Beamten des Parlaments permanent dorthin zu versetzen, wo sie in der Regel gebraucht wurden - also die Teile des Sekretariats, die mit der Abwicklung der Plenarsitzungen befaßt waren, nach Straßburg zu verlegen und die Abteilungen, die für die Ausschußsitzungen wichtig waren, nach Brüssel zu holen. Diese Lösung zu Lasten Luxemburgs verhinderte der Gerichtshof. Die Luxemburger wissen zwar, daß sie die Europaabgeordneten nicht zu Plenarsitzungen in ihrer Stadt zwingen können, obwohl es einen von ihnen Anfang der 80er Jahre fertiggestellten Plenarsaal gibt, der für das Parlament zumindest in seiner jetzigen Größe ausreicht. Aber sie betrachten den Verbleib des Generalsekretariats als Angelegenheit von nationalem Interesse und haben sich in diesem Sinne ja auch auf dem Gipfeltreffen von Edinburgh durchgesetzt.

Daneben gab (und gibt) es die Konkurrenz zwischen Brüssel und Straßburg, die im Zusammenhang mit dem sogenannten Prag-Bericht (nach dem zuständigen Berichterstatter, dem britischen konservativen Abgeordneten Derek Prag, benannt) im Januar 1989 besonders deutlich sichtbar wurde. Damals verabschiedete das Parlament eine Resolution, die zwar die historische Rolle der Stadt Straßburg in der Geschichte der Gemeinschaft hervorhob, aber gleichzeitig zusätzliche Plenartagungen in Brüssel für notwendig erklärte. Dies stieß auf heftigen Protest bei der französischen Regierung, aber auch bei den französischen Abgeordneten im Europäischen Parlament, die dies als Versuch interpretierten, Straßburg langsam aber sicher das Wasser abzugraben.

Bei der Abstimmung wurden die Kräfteverhältnisse zwischen Brüssel- und Straßburg-Befürwortern im Europäischen Parlament sichtbar.[7] Für die Resolution votierten 222 Abgeordnete, dagegen 176 und Enthaltungen gab es vier. Die belgischen Abgeordneten und die niederländischen Abgeordneten waren in ihrer überwältigenden Mehrheit dafür, eine große Mehrheit für zusätzliche Plenarsitzungen gab es auch bei Briten und Spaniern. Und starke Unterstützung fand der Antrag schließlich bei den deutschen Sozialdemokraten und den italienischen Kommunisten. Dagegen votierten insbesondere Franzosen und Luxemburger, aber auch die große Mehrheit der Fraktion der Europäischen Volkspartei (Christdemokraten) mit Ausnahme ihrer belgischen und niederländischen Mitglieder.

Nach dem bereits mehrfach erwähnten Beschluß von Edinburgh hat die Rivalität zwischen Brüssel und Straßburg an Brisanz verloren, aber der Streit schwelt weiter. Dabei lautet die Alternative wohlgemerkt nicht Brüssel oder Straßburg, sondern "Alles nach Brüssel" oder "Brüssel und Straßburg beibehalten".

Die Befürworter einer Konzentration auf Brüssel führen die dadurch möglichen Einsparungen ins Feld und die größere Nähe zu den anderen Entscheidungszentren der Gemeinschaft (Rat, Kommission, ständige Vertretungen der Mitgliedstaaten), aber auch die größere Nähe zu den in Brüssel vertretenen Interessenverbänden und zu den dort in großer Zahl akkreditierten Journalisten. Nicht zuletzt diese Journalisten sind es, die für eine Konzentration auf Brüssel trommeln - aus dem leicht ersichtlichen Grund, daß das auch ihnen das als mühsam und zeitraubend empfundene Reisen nach Straßburg ersparen würde.

Die Gegner einer Konzentration auf Brüssel sehen darin einen Zentralismus, den es zugunsten eines Polyzentrismus zu vermeiden gelte. Eine dezentral arbeitende Gemeinschaft brauche auch ein dezentral arbeitendes Parlament. Vorteil von Straßburg sei zudem auch, daß es anders als Brüssel nicht zugleich nationale Hauptstadt eines Mitgliedstaates ist und deswegen politische Probleme im Gastgeberland nicht so sehr auf die Arbeit der Abgeordneten ausstrahlen. Erwähnt werden muß in diesem Zusammenhang auch, was der zu Beginn dieses Kapitels zitierte SPD-Europaabgeordnete Dieter Rogalla wohl zum Ausdruck bringen wollte: Der Wanderzirkus, der sich einmal im Monat nach Straßburg aufmacht, reißt alle Beteiligten (also nicht nur die Abgeordneten, sondern auch Beamte, Lobbyisten und Journalisten) aus ihrer eingefahrenen Routine.

---

[7] Die folgenden Angaben entnommen aus *Jacobs/Corbett/Shackleton* (1992), 32.

Die Plenarwoche in Straßburg hat in vielerlei Hinsicht immer aufs Neue die Atmosphäre eines internationalen Kongresses - alles ein bißchen improvisiert, aber alle sind leichter zugänglich und offener für Kontakte, die sonst oft nicht zustande kämen. Der Gewinn an Realitäts- und Bürgernähe, den das Parlament und seine Abgeordneten daraus ziehen, läßt sich natürlich nicht beziffern oder in einem Haushaltsentwurf nachschlagen.

Die "Sprachenfrage"

Beinahe noch irritierender als die "Sitzfrage" ist für viele Außenstehende die "Sprachenfrage". Hier kommt zum Tragen, daß über die Art und Weise, wie in der Europäischen Gemeinschaft allgemein mit den Sprachen umgegangen wird, viele verwirrende und zum Teil widersprüchliche Informationen im Umlauf sind. Gelegentlich wird die Praxis der Europäische Gemeinschaft dabei mit der des Europarats verwechselt. Und es gibt verbreitete Unklarheit über den Unterschied zwischen den Begriffen "Amtssprache" und "Arbeitssprache".

Amtssprachen der Europäischen Gemeinschaft sind zur Zeit Dänisch, Deutsch, Englisch, Französisch, Griechisch, Italienisch, Niederländisch, Portugiesisch und Spanisch. Man kommt "nur" auf neun Amtssprachen bei insgesamt zwölf Mitgliedsstaaten, weil die Iren darauf verzichtet haben, ihr Gälisch als Amtssprache durchzusetzen (obwohl es eine Urschrift der Unions- und der EG-Verträge in Gälisch gibt). Die Luxemburger bedienen sich des Französischen oder Deutschen, die Belgier des Französischen, Niederländischen oder Deutschen. Was bedeutet nun aber Amtssprache? Die neun Amtssprachen sollen den Bürgern der Union einen gleichberechtigten Zugang zu ihren Einrichtungen und Entscheidungen ermöglichen. Wer sich in seiner Muttersprache an eine ihrer Institutionen wendet, hat Recht auf eine Antwort sowie Informationen, Vorschläge und Entscheidungen in seiner Muttersprache.

Das ist deshalb so wichtig, weil Europäische Gemeinschaft mehr ist als bloß eine internationale Organisation. Die Europäische Gemeinschaft kann Recht setzen und Rechtsakte erlassen, die jeden einzelnen Bürger womöglich unmittelbar betreffen, weil sie regelnd in sein Leben eingreifen und direkt wirken, ohne daß es in vielen Fällen noch einer vorherigen Umsetzung in nationales Recht durch die nationalen Parlamente bedarf. Das unterscheidet die Europäische Gemeinschaft vom Europarat, der sich als internationale Organisation (mit über 30 Mitgliedstaaten) auf Englisch und Französisch als Amtssprachen beschränken kann, weil seine Beschlüsse und Konventionen keine direkte Wirkung entfalten.

Von den Amtssprachen zu unterscheiden sind die Arbeitssprachen, also die Sprachen, die innerhalb der Institution gesprochen werden und in denen interne Arbeitsdokumente vorgelegt werden. Hier gibt es von EG-Institution zu EG-Institution unterschiedliche Regelungen. So sehen etwa interne Geschäftsordnung und Dienstvorschriften bei der Europäischen Kommission drei Arbeitssprachen vor, in denen Dokumente für den internen Gebrauch der Kommission vorgelegt werden: Deutsch, Englisch und Französisch.[8]

Im Europäischen Parlament hat man sich bisher für die Maximallösung entschieden: Alle neun Amtssprachen sind gleichzeitig auch Arbeitssprachen der Abgeordneten. Das bedeutet, daß alles, was im Plenum des Parlaments gesagt wird, simultan in alle jeweils acht anderen Sprachen gedolmetscht wird und von Abgeordneten, Journalisten und Besuchern über Kopfhörer mitverfolgt werden kann.

Damit das Plenum beratungsfähig ist, sind permanent 27 Dolmetscher nötig, für jede der neun Sprachen jeweils drei. Die drei müssen dann mit ihren Sprachkenntnissen gemeinsam die acht anderen Sprachen abdecken, gedolmetscht wird grundsätzlich aus der fremden Sprache in die eigene Muttersprache. Wenn der Besucher im Plenarsaal in den Dolmetscherkabinen also jeweils drei Dolmetscherinnen oder Dolmetscher sieht, darf er nicht daraus folgern, daß sich zwei von denen jeweils ausruhen können. Alle drei müssen permanent das Geschehen und das Gesagte im Plenarsaal verfolgen, denn es kann ja sein, daß ein Abgeordneter auf Portugiesisch spricht, vom Sitzungspräsidenten auf Griechisch unterbrochen wird und ein anderer Abgeordneter auf Dänisch plötzlich zur Geschäftsordnung dazwischengeht. Dann geht nicht nur im Plenum das Wort hin und her, sondern auch in der Dolmetscherkabine.

Simultandolmetschung ist nicht nur bei den Plenarsitzungen zwingend vorgeschrieben, sondern auch für Ausschußsitzungen. Die Abgeordneten pochen darauf, auch wenn es gelegentlich vor allem ums Prinzip, um die Verteidigung der eigenen Kultur und Sprache geht: Abgeordnete bestehen auf Dolmetschung in ihrer Muttersprache, auch wenn sie beispielsweise fließend Englisch oder Deutsch sprechen. An der Verteidigung dieses Prinzips scheiterte auch der Versuch, wenigstens bei gelegentlich stattfindenden auswärtigen Ausschuß-Tagungen (außerhalb von Brüssel, Luxemburg oder Straßburg) aus Kostengründen auf Dolmetschung in allen Sprachen zu verzichten und so auch den organisatorischen Aufwand zu reduzieren.

---

[8] Siehe dazu den Artikel "Europa bleibt mehrsprachig" von Eduard Brackeniers, dem Generaldirektor des Übersetzungsdienstes der EG-Kommission, in den EG-Informationen 10/92.

Weniger strikt wird die Sprachenfrage lediglich bei informellen Treffen oder hinter den verschlossenen Türen der Fraktionssäle gehandhabt. Bei Fraktionssitzungen muß schon deshalb nicht immer Dolmetschung in allen Sprachen sichergestellt sein, weil in den kleineren Fraktionen unter den Abgeordneten meist nicht alle Sprachen vertreten sind. Und auch bei den zahlreichen in Brüssel stattfindenden Expertenhearings wird gelegentlich auf Dolmetschung in allen neun Sprachen verzichtet. Was für das gesprochene Wort gilt, gilt auch für das geschriebene. Alle Dokumente, die im Plenum beraten werden (also nicht nur das, was letztlich beschlossen wird!), müssen in allen neun Sprachen vorliegen. Auch das ist mit erheblichem Aufwand verbunden, rund 380 000 Seiten pro Jahr müssen vom Sprachdienst des Parlaments übersetzt werden. Dieser Sprachdienst hat einen entsprechenden Umfang, laut Stellenplan im Haushaltsentwurf 1994[9] sind insgesamt 679 Stellen hierfür vorgesehen, 498 für die Übersetzung, 181 für die Dolmetscher. Damit ist die Zahl der Beamten im Sprachdienst höher als die Zahl der Beamten, die in der normalen (dem bundesdeutschen höheren Dienst vergleichbaren) A-Laufbahn bei der Parlamentsverwaltung und in den Fraktionen beschäftigt werden. Zum Aufwand für Mehrsprachigkeit dazurechnen muß man außerdem noch freiberufliche arbeitende Dolmetscher und Übersetzer, die je nach Bedarf zusätzlich engagiert werden.

Womit läßt sich dieser große personelle und finanzielle Aufwand rechtfertigen? Die Mitgliedschaft in einem gewählten Parlament kann und darf nicht von Sprachkenntnissen abhängig gemacht werden. Denn das würde zu einem neuen Klassenwahlrecht führen: Wählbar wären dann nur die, die über entsprechende Fremdsprachenkenntnisse verfügen. Wobei zudem noch festzulegen wäre in welcher Sprache. Daß dies nicht die Grundlage für eine europäische Demokratie sein kann, dürfte einleuchten. Auch der Arbeiter oder Landwirt, der nie Gelegenheit und Zeit zu einer höheren Schulbildung oder für Sprachkurse hatte, soll ja seinen Platz im Europäischen Parlament haben können, wenn der Wähler dies wünscht. Schließlich kann es ja auch nicht Geschäftsgrundlage einer europäischen Demokratie sein, daß ein Teil der Beteiligten gezwungen wird, die Muttersprache - und damit ein Stück Identität - gewissermaßen an der Garderobe abzugeben. Damit ist nicht gesagt, daß es nicht von Vorteil ist, wenn man als Politiker im Europäischen Parlament neben der eigenen eine oder mehrere andere Sprachen beherrscht. Und natürlich ist es auch nicht möglich, jedem Politiker als Begleiter permanent einen Dolmetscher mit auf den Weg zu geben.

---

[9] Amtsblatt der Europäischen Gemeinschaften Nr. C 194/229 vom 19.7.93; zum Sprachdienst des Europäischen Parlaments siehe auch *Gomez de Enterria* (1992).

Damit sind wir bei dem wirklich heiklen Punkt in der Sprachenfrage angelangt: Was ist eine Verkehrssprache und wer bestimmt, welche Sprachen Verkehrssprachen sind? Die Definition von Verkehrssprache mag zunächst banal anmuten: Verkehrssprache ist die Sprache, in der man sich an der Bar einen Kaffee bestellt, ist die Sprache, in der man am Telefon ein Gespräch beginnt, wenn man nicht sicher ist, was die Muttersprache des Gesprächspartners ist oder ob er über ausreichende Kenntnisse in der eigenen Sprache verfügt. Kurz: Verkehrssprachen sind die Sprachen, auf die zurückgegriffen wird, wenn keine Dolmetscher zugegen sind.

Verkehrssprache im Europäischen Parlament ist an erster Stelle Französisch, bei wachsender Bedeutung des Englischen, aber auch bei zunehmender Bedeutung des Deutschen. Wie erklärt sich die starke Stellung des Französischen? Die hat weniger mit einer den Franzosen gerade von deutscher Seite immer wieder gern unterstellten rigorosen "Sprachpolitik" zu tun, als gemeinhin angenommen wird. Sie ergibt sich gewissermaßen natürlich zunächst einmal daraus, daß in Brüssel, Straßburg und Luxemburg Französisch jeweils auch die/eine der Landessprachen ist. Wer sich also an einem der Arbeitsorte richtig einleben will, kommt auch nach Dienstschluß mit Französisch-Kenntnissen wesentlich besser klar - eine starke Motivation, sich die Sprache anzueignen. Zudem ist Französisch die Sprache, in der sich Menschen aus dem romanischen Sprachraum untereinander - also z. B. Spanier mit Italienern - in der Regel am ehesten verständigen können. Französisch ist aber auch unter den romanischen Sprachen die, die in Ländern wie Deutschland oder England noch am ehesten gelehrt und gelernt wird, damit also eine gute Brücke zu Menschen aus dem romanischen Sprachraum.

Die englische Sprache bezieht ihre Bedeutung als Verkehrssprache aus der Stellung des Englischen als Weltsprache. Englisch ist unbestritten die Fremdsprache, in der sich im Notfall die meisten Menschen untereinander verständigen können. Der Journalist Joachim Neander bringt die Sache überspitzt, aber durchaus treffend auf den Punkt wenn er schreibt, "daß die Verständigung dort bei weitem am besten funktioniert, wo lauter Nicht-Engländer miteinander englisch reden. Man einigt sich unausgesprochen und zweckgerichtet auf eine (zum Beispiel fachlich) begrenzten Wortschatz und eine deutliche, aber eigentlich beinahe schon schmerzhaft 'nichtenglische' Aussprache. Kaum tritt dagegen ein richtiger Engländer oder Amerikaner dazu, wird die Sache schwierig."[10] Aber auch dann bleibt Verständigung möglich.

---

[10] Aus dem Artikel "Parlez-vous deutsch? It is leider so very difficult, you know" in der Welt vom 7.1.92.

Anders sieht es für das Deutsche aus. Es ist zwar als Muttersprache die am weitetsten verbreitete Sprache in der EU, aber eben nicht die am weitetsten verbreitete Fremdsprache. So ist die Wahrscheinlichkeit hoch, daß in einer größeren Gruppe viele die deutsche Sprache beherrschen, aber immer auch regelmäßig einige dabei sind, die sie überhaupt nicht verstehen. In diesem Fall scheidet Deutsch dann als Verkehrssprache aus. Aus solchen Erfahrungen zu folgern, daß das Deutsche innerhalb der EU zum Untergang verurteilt sei oder unterdrückt werden solle[11], ist allerdings blanke Demagogie und zeugt zudem von einem beinahe erbärmlichen Mangel an Selbstbewußtsein. Bei genauem Hinsehen ist die in den letzten Jahren in der deutschen Presse[12] verstärkt thematisierte "Sprachenfrage" vor allem ein Problem der Deutschen selbst.

Übertrieben dargestellt fallen die Deutschen innerhalb wie außerhalb der EG-Institutionen gern in zwei Extreme: Da sind die einen, die so stolz darauf sind, daß sie (womöglich mehrere) Fremdsprachen beherrschen, daß sie sich sogar gegenüber Landsleuten weigern, deutsch zu sprechen. Die Geschichte von dem deutschen Abteilungsleiter in Brüssel, der seinen deutschen Untergebenen gezwungen haben soll, sein Anliegen auf Französisch zu Papier zu bringen, geistert schon seit langem durch die Medien. Sie mag stimmen oder auch nicht - sie ist jedenfalls unter Deutschen (aber wohl nur unter ihnen!) vorstellbar. Ins andere Extrem fallen die, die sich weigern, sich auch nur das Wörtchen "merci!" anzueignen und am liebsten jeden Chauffeur, Wachmann oder Kellner per Dienstanweisung zwingen würden, mit ihnen deutsch zu reden. Die Betroffenen spüren dies natürlich und tun es gerade deshalb nicht, auch wenn sie es könnten.

Sprachfragen, Fragen des Verstehens und Nicht-Verstehens sind eben Fragen von höchster Sensibilität (im doppelten Sinne des Begriffs) und sie werden regelmäßig (aber nur dann) zum Problem gemacht, wenn es darum geht, dem anderen zu signalisieren, daß man mit seinem Auftreten oder mit seiner Entscheidung nicht einverstanden ist. Das gilt für das Plenum des Parlaments, wo die Beratungen stundenlang problemlos vonstatten gehen, bei einer entscheidenden Abstimmung dann aber eine Gruppe von unterlegenen Abgeordneten plötzlich behauptet, es habe gerade einen Fehler in der Dolmetschung gegeben, deshalb müsse die Abstimmung wiederholt werden.

---

[11] Siehe z.B. den Kommentar "Eurokraten - Nix deutsch reden!" in der Bild-Zeitung vom 15.4.93.

[12] Siehe z.B. die Frankfurter Rundschau vom 6.1.92: "Auf 'gut deutsch' gesagt, muß nicht gut europäisch sein" oder die Frankfurter Allgemeine Zeitung vom 7.4.92: "Überhitzter Sprachenstreit - Soll in der EG mehr deutsch gesprochen werden?"

Das gilt genauso für den Untergebenen, der eine Anweisung seines Chefs nicht ausführt und sich damit herausredet, er habe diesen nicht richtig verstanden. In beiden Fällen gibt es tatsächlich ein Kommunikationsproblem, aber es liegt nicht darin, daß der eine französisch spricht und der andere deutsch, sondern daß man einander nicht verstanden haben will, weil man sich nicht verständigen konnte oder wollte.

Wie mache ich mich in Konfliktsituationen am besten verständlich, um Verständigung möglich zu machen? Das ist das Kernproblem, Marcell von Donat, Kabinettschef des deutschen EG-Kommissars Peter Schmidhuber, schildert seine Erfahrungen folgendermaßen:

"Die Sitzung wird von einem Kollegen aus dem Präsidentenkabinett präsidiert, also auf französisch. Ich vertrete in der Sache die Gegenposition und will die anderen überzeugen. Im Französischen bin ich weniger eloquent. Aber ich könnte deutsch reden, denn die Dolmetscherkabinen sind besetzt. Soll ich deutsch oder französisch sprechen? Für Deutsch spricht: Die Dolmetscher werden meine Intervention korrekt übertragen, meine Zuhörer hören gutes Französisch und können genau verstehen, was ich sagen will. Gegen Deutsch spricht: Die meisten Anwesenden sind zwar Nichtfranzosen, aber alle bis auf einen können mehr Französisch als Deutsch. Werden sie der Dolmetscherin zuhören? Die Kommunikation muß Widerstände in zwei Gehirnen überwinden. Witze, wichtig für die Atmosphäre, bleiben auf der Strecke. Das Wichtigste: Ich bleibe in der Verteidigungsstellung, weil ich auf vertrautem Territorium verharre. Für Französisch spricht: Intonation, Artikulation, Gestik und Körpersprache stimmen mit den ausgesprochenen Wörtern überein, und ich werde die beste Wirkung erzielen. Mein guter Wille, zur Verständigung beizutragen, wird honoriert. Ich bin der Angreifer, weil ich mich auf fremdes Territorium begebe. Gegen Französisch spricht: Ich muß auf Nuancen verzichten. Das Nichtgesagte, und das ist in der diplomatischen Kommunikation oft das Entscheidende, wird unter Umständen nicht erkennbar und führt zu Mißinterpretationen meiner Stellungnahme. Ich kann weniger signalisieren, sondern muß alles aussprechen, was nur verwirrt oder Konflikte aufreißt. Ich muß entscheiden: Mein Ego - oder die Sache? Will ich wirken, spreche ich meine Sprache, will ich bewirken, dann die des anderen."[13]

---

[13] In: Die Zeit vom 15.5.92.

7. Im Schmelztiegel der Fraktion: Die Unwiderstehlichkeit des multinationalen Prinzips

Wie organisiert sich ein multinationales Parlament? Sollen seine Abgeordneten im Plenarsaal in nationalen Blöcken sitzen? Oder nach dem Alphabet geordnet? Oder entsprechend ihrer politischen Ausrichtung? Nach allem, was bis hierher über das Europäische Parlament zu lesen war, dürfte klar sein, daß von Anfang an nur eines in Frage kam: die Aufteilung in politische Fraktionen, und nach Möglichkeit in multinationale politische Fraktionen. Allein schon deshalb, um demonstrativ zu zeigen, daß dieses Parlament nicht dazu da ist, nationale Grenzziehungen zu verewigen, sondern um sie zu überspringen und aufzuheben. Und um den Anspruch zu unterstreichen, ein vollwertiges Parlament werden und kein Versammlungsforum nationaler Delegationen bleiben zu wollen.

Heute haben die politischen Fraktionen eine Schlüsselstellung im Gefüge des Europäischen Parlaments. Sie geben den Ausschlag bei der Besetzung der Führungsfunktionen (Präsident, Präsidium, Ausschußvorsitzende). Sie bestimmen die politische Tagesordnung. Und sie verteilen Redezeiten im Plenum und kontrollieren den Zugang zu wichtigen Aufgaben in den Ausschüssen. Sie sind aber auch der Ort, wo die mühsamen Kompromisse zwischen den unterschiedlichen nationalen Interessen geschmiedet werden müssen. Denn obwohl die nationalen Interessengegensätze an der parlamentarischen Sitzordnung im Plenum nicht zu abzulesen sind, sind sie natürlich nicht wie weggeblasen. Ausgetragen werden sie vor allem in den Fraktionen.

Am Anfang gab es im Europäischen Parlament drei traditionelle politische Familien, die christdemokratische, die sozialistische und die liberale Fraktion. Sie entstanden schon im Juni 1953, noch zu Zeiten der Gemeinsamen Versammlung der EGKS. Sie blieben lange die einzigen, aber dann begann noch vor den ersten Direktwahlen die Zahl der Fraktionen langsam und scheinbar unaufhaltsam zu steigen, weil neue Mitgliedsländer dazukamen und weil neue politische Strömungen entstanden. Im ersten direkt gewählten Parlament von 1979 konstituierten sich bereits sieben Fraktionen. Im zweiten direkt gewählten von 1984 stieg deren Zahl auf acht.

Das 1989 gewählte Parlament mit seinen insgesamt 518 Abgeordneten wurde für Außenstehende mit nicht weniger als zehn Fraktionen politisch noch ein Stück unübersichtlicher. Die dritte Wahlperiode brachte aber seither auch eine Trendumkehr: Inzwischen gibt es nur noch acht Fraktionen, zwei haben sich wieder aufgelöst. Im Folgenden nun ein Überblick über die Fraktionen im Europäischen Parlament[1] gegen Ende seiner dritten Wahlperiode:[2]

Fraktion der Sozialdemokratischen Partei Europas

Die Fraktion der Sozialdemokratischen Partei Europas (SPE) ist seit 1975 ununterbrochen die stärkste Fraktion im Europäischen Parlament. Sie zählt zur Zeit 198 Mitglieder. Das ist immer noch ein gutes Stück weg von der absoluten Mehrheit, die mit 260 Abgeordneten erreicht wäre. Die SPE-Fraktion hat Abgeordnete aus allen zwölf Mitgliedstaaten der Europäischen Union in ihren Reihen. Die Heterogenität der linken politischen Anschauungen und Traditionen, die sie bündeln muß, ist schon an der Namensgebung der Fraktion ablesbar. Während sie in der dänischen, deutschen und niederländischen Version inzwischen das Attribut "sozialdemokratisch" im Fraktionsnamen führt, steht in den anderen sechs Sprachversionen statt dessen "sozialistisch".

Die mit Abstand stärkste nationale Gruppe in der SPE-Fraktion bilden die 46 britischen Labour-Abgeordneten. An zweiter Stelle folgen die Italiener, die allerdings aus verschiedenen nationalen politischen Parteien kommen: 12 von den Sozialisten, 2 von den Sozialdemokraten und 20 von den Linksdemokraten (Ex-Kommunisten). Die Linksdemokraten schlossen sich Anfang 1993 der Fraktion der Sozialdemokratischen Partei Europas an.

Dieser Schritt führte zur Auflösung der einstigen eurokommunistischen Fraktion der Vereinigten Europäischen Linken im Europäischen Parlament. Die deutschen Sozialdemokraten bilden mit 31 Abgeordneten die drittstärkste nationale Gruppe in der SPE-Fraktion.

Seit 1979 hatte die Fraktion drei Vorsitzende: den Belgier Ernest Glinne (1979-84), den Deutschen Rudi Arndt (1984-89) und den Franzosen Jean-Pierre Cot (1989-). Sie stellt acht von 14 Vizepräsidenten des Parlaments (darunter den deutschen Sozialdemokraten Hans Peters) und acht von insgesamt 19 Ausschußvorsitzenden (Darunter den deutschen Sozialdemokraten Thomas von der Vring an der Spitze des Haushaltsausschusses).

---

[1] Vergleiche auch die Übersicht im Anhang.

[2] Stand der Angaben: Februar 1994.

Fraktion der Europäischen Volkspartei (Christlich-demokratische Fraktion)

Die Fraktion der Europäischen Volkspartei (EVP) ist neben der SPE-Fraktion die zweite Fraktion im Europäischen Parlament, die Mitglieder aus allen zwölf Mitgliedstaaten der Gemeinschaft umfaßt. Zur Zeit sind es insgesamt 162. Ähnlich wie die SPE-Fraktion konnte auch die EVP-Fraktion während der laufenden Wahlperiode erheblichen Zuwachs verzeichnen: Im Mai 1992 schlossen sich ihr die 32 Abgeordneten der britischen Konservativen an.

Dieser Schritt, der zu Zeiten der euroskeptischen Margaret Thatcher wohl kaum denkbar gewesen wäre, führte zur Auflösung der Fraktion der Europäischen Demokraten, deren Hauptbestandteil die britischen Konservativen bis dahin gebildet hatten. Ein Stück Distanz wahren die Briten auch jetzt noch, denn sie gehören zwar der Fraktion der EVP an, nicht aber der EVP selbst, die eine Föderation christdemokratischer Parteien ist.

Die drei größten nationalen Gruppen in der EVP-Fraktion bilden die britischen Konservativen, die deutschen Christdemokraten (25 CDU- und 7 CSU-Europaabgeordnete) und die italienischen Christdemokraten. Von 1977 bis 1992 war der deutsche Christdemokrat Egon Klepsch mit einer Unterbrechung in den Jahren 1982 - 84, als der Italiener Paolo Barbi die Fraktionsführung übernahm, Vorsitzender der EVP-Fraktion. Seit Anfang 1992 führt der Belgier Leo Tindemans die Fraktion, nachdem Klepsch zum Parlamentspräsidenten gewählt wurde. Die EVP-Fraktion stellt vier Vizepräsidenten und die Vorsitzenden von sieben Ausschüssen (Darunter der deutsche Christdemokrat Siegbert Alber an der Spitze des Ausschusses für Rechte und Bürgerrechte).

Liberale und Demokratische Fraktion

Mit deutlichem Abstand zu den beiden großen Fraktionen folgt an dritter Stelle die Liberale und Demokratische Fraktion (LIB). Sie zählt 44 Mitglieder aus allen Ländern der Gemeinschaft mit Ausnahme Großbritanniens und Griechenlands. Die stärkste nationale Gruppe in der LIB-Fraktion bilden neben den Franzosen mittlerweile die Portugiesen.

Ursprünglich waren die Franzosen stärker vertreten, aber vier von ihnen mit dem früheren französischen Staatspräsidenten Valéry Giscard d'Estaing an der Spitze verließen die Fraktion Ende 1991 und wechselten zur EVP-Fraktion. Giscard war zuvor LIBFraktionsvorsitzender gewesen und mit dem Versuch gescheitert, die Liberalen unter ein politisches Dach mit der EVP zu bringen und im Europäischen Parlament so einen Mitte-Rechts-Block zu schmieden.

Die Deutschen sind mit fünf Mitgliedern in der LIB-Fraktion vertreten, vier FDP-Europaabgeordnete und der für Die Grünen gewählte Karl Partsch, der Ende 1991 zu den Liberalen wechselte. Fraktionsvorsitzende bei den Liberalen waren von 1979-84 der Deutsche Martin Bangemann, von 1984-89 die Französin Simone Veil, von 1989-91 der schon erwähnte Giscard d'Estaing und seither der Franzose Yves Galland. Die Liberalen stellen zur Zeit einen Vizepräsidenten und zwei Ausschußvorsitzende.

Fraktion DIE GRÜNEN im Europäischen Parlament

Hinter den Liberalen folgen die Grünen mit 28 Mitgliedern. Ihre Fraktion wurde nach den Wahlen 1989 aus der Taufe gehoben, vorher hatten grüne Abgeordnete der weniger homogenen Regenbogenfraktion angehört. Stärkste nationale Gruppe bei den Grünen sind inzwischen die acht Franzosen, von denen sieben zur "Halbzeit" der Wahlperiode Ende 1991 ihr Mandat niederlegten, um Nachrückern Platz zu machen. An zweiter Stelle folgen die sieben Italiener und dann erst an dritter Stelle die Deutschen mit sechs von ursprünglich acht grünen Europaabgeordneten (eine schloß sich der Regenbogenfraktion an, einer wechselte zu den Liberalen). Fünf Nationen sind bei den Grünen nicht vertreten, es fehlen Griechen, Iren, Luxemburger, Portugiesen und Briten. Die grüne Fraktion wird gemeinsam von der Italienerin Marie Adelaide Aglietta und dem Belgier Paul Lannoye geführt. Die Grünen stellen zur Zeit im Parlament eine Vizepräsidentin und einen Ausschußvorsitzenden.

Fraktion der Sammlungsbewegung der Europäischen Demokraten

Die Fraktion der Sammlungsbewegung der Europäischen Demokraten (SdED) mit derzeit 20 Mitgliedern ruht vor allem auf einer Allianz von französischen Neogaullisten und Abgeordneten der irischen Fianna Fáil. Dazu kommen ein griechischer und zwei spanische Abgeordnete. Die Fraktion wird seit 1975 ununterbrochen von dem Franzosen Christian de la Malène geführt.

Regenbogen-Fraktion im Europäischen Parlament

Die Regenbogen-Fraktion (REG) mit derzeit 16 Mitgliedern existiert seit 1979 (zunächst unter dem Namen Fraktion für technische Koordinierung). Schon der Name bringt die große Buntheit und Heterogenität der Fraktion zum Ausdruck. Sie umfaßt die dänischen EG-Gegner ebenso wie Vertreter der italienischen Lega Lombarda oder der schottischen Nationalpartei. Aus Deutschland ist Dorothee Piermont dabei, die für die Grünen ins Europäische Parlament gewählt wurde. Die Regenbogen-Fraktion wird gemeinsam von dem Belgier Jaak Vandemeulebroucke und der Dänin Birgit Bjornvig geführt.

Technische Fraktion der Europäischen Rechten

Die technische Fraktion der Europäischen Rechten (TFER) entstand 1984 nach dem Erfolg der Nationalen Front Jean-Marie Le Pens bei den Europawahlen in Frankreich. Mit zehn von 13 Abgeordneten stellen die Gefolgsleute Le Pens auch jetzt die stärkste nationale Gruppe in der ER-Fraktion. Dazu kommen ein belgische Abgeordneter und noch zwei von ursprünglich sechs auf der Liste der Republikaner gewählte deutsche Abgeordnete. Die vier anderen, darunter Republikaner-Chef Franz Schönhuber, haben die ER-Fraktion inzwischen verlassen und sitzen als fraktionslose Abgeordnete im Europäischen Parlament. Vorsitzender der TEFR ist Le Pen.

Koalition der Linken

Die größte nationale Gruppe unter den 13 Mitgliedern der Koaliton der Linken (KdL) bilden die französischen Kommunisten mit sieben Abgeordneten. Außerdem gehören ihr drei griechische und drei portugiesische Kommunisten an. Vorsitzender ist der Franzose Réne-Emile Piquet.

Fraktionslose

24 Abgeordneten gehören zur Zeit keiner der acht Fraktionen an; darunter auch vier Deutsche, die 1989 für die Republikaner gewählt wurden, die TFER-Fraktion aber nach und nach (letzter der Austritte: im Januar 94) verließen.

Wie der Überblick gezeigt hat, sind alle acht Fraktionen im Europäischen Parlament multinational zusammengesetzt, die größeren mit Mitgliedern aus allen oder fast allen zwölf Mitgliedstaaten. Seit den Direktwahlen 1979 gab es nie eine Fraktion nur von Abgeordneten aus einem einzigen Land, das multinationale Prinzip scheint im Europäischen Parlament unwiderstehlich. Dabei wäre die Gründung einer rein nationalen Fraktion durchaus möglich. 23 Abgeordnete sind laut Geschäftsordnung dazu nötig. Eine Schwelle, die zumindest die großen Parteien aus den größeren Mitgliedstaaten mühelos überspringen können. Allerdings gibt die Geschäftsordnung einen Anreiz, bi- oder besser noch: multinationale Fraktionen zu gründen. Zur Bildung einer Fraktion mit Mitgliedern aus zwei Staaten sind nur 18 Abgeordnete nötig, für eine Fraktion mit Mitgliedern aus drei oder mehr Staaten gar nur zwölf.[3]

[3] Bei Erhöhung der Abgeordnetenzahl von 518 auf 567 gilt folgende Regelung: Zur Bildung einer Fraktion bedarf es mindestens sechsundzwanzig Mitglieder, wenn diese aus einem einzigen Mitgliedstaat stammen. Stammen sie aus zwei Mitgliedstaaten, bedarf es einundzwanzig Mitglieder, bei drei Mitgliedstaaten sechzehn und bei vier oder mehr Mitgliedstaaten dreizehn.

Diese niedrige Schwelle in Verbindung mit der Aussicht auf die Vorteile des Fraktionsstatus entfaltet Wirkung. Allerdings traten seit 1979 bereits zwei Fraktionen ganz explizit mit dem Attribut technisch auf - die 1979 gegründete Fraktion für Technische Koordinierung und Verteidigung der unabhängigen Gruppen und Abgeordneten (aus der später die heutige Regenbogenfraktion hervorging) und die 1984 gegründete Technische Fraktion der Europäischen Rechten. Hier signalisieren schon die Namen, daß es nicht darum gehen soll, eine geschlossene politische Linie zu finden, sondern vor allem darum, die Vorteile des Fraktionsstatus auszuschöpfen.

Politische Geschlossenheit ist aber auch für die anderen Fraktionen im Europäischen Parlament beileibe keine Selbstverständlichkeit. Sie ist im Vergleich zu dem Grad an Geschlossenheit der meisten Fraktionen in den nationalen Schwesterparlamenten nur schwer herzustellen. Dafür gibt es eine ganze Reihe von Gründen.

An erster Stelle zu nennen ist, daß es im Europäischen Parlament kein Kräftemessen zwischen Regierungsmehrheit und Opposition geben kann, weil es bislang keine europäische Regierung gibt, die man stürzen könnte oder stützen müßte. Damit entfällt ein Faktor, der gewöhnlich in einem Parlament politische Gruppen zusammenzwingt und -schweißt und eine straffe Fraktionsführung nötig macht.

Wichtig ist auch, auf die große politische Vielfalt hinzuweisen. Die acht Fraktionen im Europäischen Parlament bündeln insgesamt Politiker aus beinahe achtzig verschiedenen nationalen Parteien. Das bedeutet eine große Vielfalt an nationalen, regionalen und sektoralen Interessen, die nur schwer unter einen Hut zu bringen sind. So ist das ideologische Spektrum vor allem in den beiden großen Fraktionen weit gespannt.

Früher war dies insbesondere in der SPE-Fraktion spürbar, die sich schwer tat, zum Beispiel die britischen Labour-Abgeordneten mit der Mehrheitslinie der Fraktion zu versöhnen. Dies gilt jetzt aber ähnlich für die EVP-Fraktion. So sitzen in ihr Anhänger eines kompromißlosen wirtschaftsliberalen Kurses wie die britischen Konservativen neben christlich-sozialen Abgeordneten aus den Niederlanden mit starker Verwurzelung im gewerkschaftlichen Milieu.

Zudem gibt es unterschiedliche politische Traditionen, die miteinander versöhnt werden müssen. Während zum Beispiel die Briten traditionell die scharfe Konfrontation mit dem politischen Gegner schätzen, gibt es Politiker aus anderen Ländern, die mehr zur Suche nach dem politischen Konsens neigen, etwa die Abgeordneten aus den Benelux-Staaten.

Den Zusammenhalt der Fraktionen erschwert auch, daß es kaum Druckmittel gibt, um die Abgeordneten auf einen bestimmten Kurs zu zwingen. Daran hat auch die Einsatz von sogenannten "whips" (= aus der britischen Parlamentstradition, wörtlich: Einpeitscher) in einigen Fraktionen nichts Grundlegendes verändert. Diese "whips" sollen vor allem dafür sorgen, daß die Anwesenheit ihrer Fraktionskollegen bei wichtigen Abstimmungen sich verbessert. Wirklich schmerzhafte Druckmittel, etwa die Möglichkeit zur Verhängung von Geldbußen, haben sie allerdings nicht in der Hand. So bleibt ihnen vor allem moralischer Druck, etwa durch die fraktionsinterne Veröffentlichung von Präsenzlisten, auf denen jeder die eigene Zuverlässigkeit ablesen und mit der seiner Kollegen vergleichen kann.

Schließlich spielt eine nicht zu unterschätzende Rolle, daß die Fraktionen bei der Frage, ob ein Abgeordneter noch einmal als Kandidat aufgestellt wird, kaum mitreden können. Die Entscheidung darüber liegt in den Händen seiner Parteifreunde zu Hause. Und die werden in der Regel vor allem sein Auftreten bei ihnen, seine Rolle in den lokalen Medien und in der Partei bewerten und Empfehlungen von der europäischen Ebene allenfalls dann berücksichtigen, wenn es sich um das Votum seiner nationalen Gruppe in der Fraktion handelt.

Mit diesen nationalen Gruppen (sie werden auch nationale Delegationen genannt) erlebt das aus dem Plenum verbannte Nationalitätsprinzip innerhalb der Fraktionen gewissermaßen seine Wiederauferstehung. Die nationalen Gruppen agieren innerhalb ihrer Fraktionen gewöhnlich als geschlossener Block, man könnte beinahe sagen, wie Fraktionen in der Fraktion. Sie haben zum Teil eigenständige Organisationsstrukturen, wählen ihre eigenen Vorsitzenden oder Sprecher. Vorsitzender der CDU/CSU-Gruppe in der EVP-Fraktion ist zur Zeit Günter Rinsche, den Vorsitz der SPD-Europaabgeordneten hat Gerhard Schmid inne, bei den deutschen Liberalen steht Mechthild von Alemann an der Spitze.

Die nationalen Gruppen achten in den Fraktionen auch darauf, daß die eigenen Leute nicht zu kurz kommen, wenn es um die Verteilung der Schlüsselpositionen im Parlament geht. Gelegentlich auch unschöne nationale Positionskämpfe werden so aus dem Plenum herausgehalten und hinter die verschlossenen Türen der Fraktionssäle verbannt. Wie unerbittlich es dabei zugehen kann, wird nur im Ausnahmefall öffentlich. Ein solcher Ausnahmefall war wohl der Streit innerhalb der EVP-Fraktion um den Vorsitz im Institutionellen Ausschuß des Parlaments. Eine Neubesetzung war im Sommer 1993 nötig geworden, weil der bisherige Vorsitzende, der Spanier Marcelino Oreja, das Europäische Parlament verlassen hatte, um in Madrid ein nationales Mandat anzunehmen.

Oreja hatte der EVP-Fraktion angehört, also war im Parlament unstrittig, daß sein Nachfolger auch aus dieser Fraktion kommen mußte, um die fein austarierten Gewichte zwischen den Fraktionen nicht durcheinanderzubringen. Um wiederum die Gewichte in der EVP-Fraktion nicht durcheinanderzubringen, mußte ein Spanier auf den Spanier Oreja folgen.

Als im Ausschuß der neue Vorsitzende gewählt werden sollte, gab es aber zwei Anwärter, beide aus der EVP-Fraktion: deren offiziellen Kandidaten, den Spanier José-Maria Gil-Robles Gil-Delgado, und den Briten Derek Prag. Gil-Robles erhielt in geheimer Abstimmung nur elf Stimmen, sein Rivale Prag wurde mit 16 Stimmen gewählt. Nur zwei Wochen später trat Prag aber wieder vom Ausschußvorsitz zurück und begründete dies so: "Ich trete heute zurück, nicht aufgrund der unerbittlichen Pressionen auf meine Person, sondern aufgrund der nicht akzeptablen Pressionen auf meine britischen Kollegen in der EVP-Fraktion."[4] Prag kritisierte das Benennungssystem für die Ausschußvorsitzenden, das mit einer absoluten Rigidität ausgeübt werde, ohne die persönliche Erfahrung, die geleistete Arbeit und die Fähigkeit zur Leitung eines Ausschusses zu berücksichtigen. Für die Neuwahl des Ausschußvorsitzenden gab es dann nur eine einzige Kandidatur, die von Gil-Robles, der 19 von 29 Stimnen erhielt, zehn Stimmen waren ungültig.

Fragt man nach möglichen politischen Allianzen und Mehrheiten im Europäischen Parlament, so scheinen die klassischen Konstellationen höchst prekär zu sein. Eine konservativ-liberale Koalition käme selbst unter Einschluß der rechtsextremen Europäischen Rechten auf keine absolute Mehrheit (Absolute Mehrheit = 260, EVP + LIB + SdED + TFER = 239). Eine linksgrüne Koalition würde die absolute Mehrheit selbst unter Einschluß der bunt zusammengewürfelten und deshalb schwer kalkulierbaren Regenbogenfraktion und der Kommunisten ebenfalls verfehlen (SPE + Grüne + REG + KdL = 255). Denkbar wären eine "Ampelkoalition" (SPE + LIB + Grüne = 270) und eine große Koalition (SPE + EVP = 360).

In der politischen Praxis der letzten Jahre hat sich im Europäischen Parlament in den entscheidenden Fragen eine große Koalition von SPE und EVP eingespielt. Das wurde für Außenstehende vor allem bei der Wahl des Parlamentspräsidenten sichtbar, der im Europäischen Parlament nicht die volle Wahlperiode von fünf Jahren präsidiert, sondern jeweils nur auf zweieinhalb Jahre gewählt wird.

---

[4] Zitiert nach dem Pressedienst des Europäischen Parlaments, Dokumenten-Nummer PE 174.265.

1989 wurde der spanische Sozialist Enrique Baron Crespo mit vielen Stimmen aus der EVP-Fraktion gewählt, im Gegenzug erhielt der deutsche Christdemokrat Egon A. Klepsch bei seiner Wahl im Januar 1992 die Unterstützung großer Teile der SPE-Fraktion.

Diese große Koalition darf man sich allerdings nicht starr und unverrückbar vorstellen, sie wird in vielen Fragen überlagert von anderen Mehrheiten, oft quer zu den Fraktionsgrenzen. Die beschreibt der deutsche Sozialdemokrat Hans Peters, Vizepräsident des Europäischen Parlaments, so:

> "Es gibt beispielsweise im Rahmen der Agrarpolitik eine agrarpolitische, bauernorientierte Mehrheit, die etwa von den Christdemokraten über die französischen Sozialisten, zum Teil auch spanischen Sozialisten, bis zu den französischen Kommunisten führt. Auf der anderen Seite gibt es verbraucherorientierte Teile des Europäischen Parlaments, die von den deutschen Sozialdemokraten über britische Konservative bis zu den ehemaligen italienischen Kommunisten - heute Partei der demokratischen Linken - führen. Wenn es um eine soziale Entscheidung geht, dann sitzen beispielsweise die christdemokratischen Fraktionsmitglieder und die sozialistischen mit den anderen Linken in einem Boot einschließlich der Grünen und aller kommunistischen Richtungen. Die christdemokratische Fraktion ist in Europa im hohen Maße auch sozialorientiert, vor allem durch sozialchristlich orientierte Abgeordnete aus den Niederlanden, aus Italien, aus Belgien.
>
> Oder ein drittes Beispiel: Wenn es um integrationspolitische Fragen geht, gibt es wieder andere Mehrheiten. Da war es lange Zeit so, daß zu den entschiedenen Befürwortern der Integration immer die christdemokratische Fraktion gehörte, aber auch die Mehrheit der Sozialisten gehörte mit Abstrichen dazu, die Briten waren lange Zeit antiintegrationistisch eingestellt. Da gab es dann nicht nur in der Sozialistischen Fraktion die antiintegrationistische britische Gruppe, sondern auch die britischen Konservativen und fast alle dänischen Abgeordneten aller Parteien gehörten dazu."[5]

Die prointegrationistische Mehrheit, die Peters erwähnt hat, dürfte so lange die wohl wichtigste Allianz im Europäischen Parlament bleiben, wie dieses Parlament noch um seine Rechte kämpfen muß und deswegen sehr oft (in seiner großen Mehrheit) in Opposition zum Rat steht. Tragende Pfeiler dieser prointegrationistischen Mehrheit waren und sind neben den Liberalen vor allem EVP und zumindest große Teile der SPE.

Daß SPE und EVP beide zur prointegrationistischen Mehrheit gehören, hat ihr oben bereits erwähntes Zusammenwirken in einer Art großen Koalition erleichtert. Diese große Koalition wurde nach Aussage eines der Hauptbeteiligten, des damaligen SPE-Fraktionsvorsitzenden Rudi Arndt, zu Beginn der zweiten Wahlperiode im Jahr 1984 geschmiedet.

---

[5] Zitiert bei *Schöndube* (1993), 58.

In der Folge gab es regelmäßig zwischen Arbeitsgruppen beider Fraktionen eine inhaltliche Abstimmung des politischen Vorgehens, und man teilte sich anschließend die Aufgabe, bei den kleineren Fraktionen um Unterstützung zu werben. Arndt[6] schildert sein Zusammenspiel mit dem damaligen EVP-Fraktionsvorsitzenden Egon Klepsch so, daß jeder von beiden mit Verweis auf die notwendige Zusammenarbeit mit der jeweils anderen Fraktion die eigene Fraktion im Zaum hielt. So sei es gelungen, eine Art "Europäische Allianz" zu schmieden und im Europäischen Parlament in vielen Fragen breite und überzeugende Mehrheiten zustande zu bringen.

So gelang es vor allem später auch, die hohe Mehrheits-Hürde (Absolute Mehrheit nicht allein der abgegebenen Stimmen, sondern der Mitglieder des Parlaments) bei Abstimmungen im Verfahren der Zusammenarbeit und im Verfahren der Zustimmung in der Regel zu nehmen. Damit, so meint Arndt rückblickend, sei etwas gelungen, was kaum jemand erwartet habe, als diese Verfahren 1987 mit der Einheitlichen Europäischen Akte in die Verträge aufgenommen wurden. Man habe dies damals von seiten der nationalen Regierungen in dem Glauben getan, das Europäische Parlament sei wegen seiner politischen Heterogenität nicht zu solchen Mehrheiten imstande. Die Abgeordneten aber hätten die Herausforderung angenommen und gewonnen.

---

[6] Siehe dazu S. 65 - 68 des Protokolls des Symposiums am 18.9.92 in Straßburg anläßlich des 40. Jahrestages der Konstituierung des Parlaments.

8. Frei, geheim, aber nicht ganz gleich: Die Suche nach einem einheitlichen Wahlverfahren

"Für uns, für meine Fraktion, stellt sich die Grundsatzfrage: Handelt es sich um ein echtes demokratisches Parlament, das dem Grundsatz Rechnung trägt, daß jeder Bürger möglichst im gleichen Umfange Einfluß auf die Zusammensetzung dieses Parlamentes haben sollte, daß also die Stimme jedes Wählers möglichst gleich wiegt?"

Diese Frage richtete der christdemokratische Abgeordnete Egon Klepsch am 14. Januar 1975[1] an seine Kollegen im Plenum des damals noch nicht direkt gewählten Europäischen Parlaments. Und diese Frage war rethorisch gemeint. Klepsch focht damals mit Blick auf die bevorstehenden ersten Direktwahlen für eine Mandatsverteilung unter den Mitgliedstaaten, die sich weitgehend nach deren jeweiliger Bevölkerungszahl gerichtet hätte. Beschlossen wurde seinerzeit etwas anderes, und die Frage des Abgeordneten Klepsch, der inzwischen Präsident des Europäischen Parlaments ist, kann daher bis heute guten Gewissens nicht uneingeschränkt mit ja beantwortet werden.

Das Europäische Parlament ist zwar die einzige transnationale Versammlung, die direkt und gleichzeitig in mehreren Staaten gewählt wird. Alle anderen parlamentarischen Versammlungen in Europa (zum Beispiel die des Europarates oder die der Westeuropäischen Union) werden aus nationalen Parlamenten delegiert, ihre Mitglieder sind also entsandt und damit nur indirekt für ihre Aufgabe legitimiert.

Im Vergleich zu ihnen haben die Europaabgeordneten weit mehr politisches Gewicht, weil sie mit einem direkten Mandat, einem direkten Auftrag des Wählers ausgestattet sind, Europapolitik zu machen. Darauf können sie im Konfliktfall pochen. Und die Europaparlamentarier haben ein größeres (Eigen)interesse an dieser Aufgabe, weil sie für die meisten seit den Direktwahlen nicht mehr Zusatz- und Nebentätigkeit, sondern Hauptinhalt ihrer politischen Arbeit ist. Allerdings werden diese beiden Vorteile der Direktwahl bislang dadurch wieder geschmälert, daß es kein einheitliches Wahlverfahren gibt.

---

[1] Das Protokoll der Sitzung ist dokumentiert in *EP* (1977), 81.

Das brisanteste Problem dabei ist, daß der oben erwähnte demokratische Grundsatz der Stimmengleichheit ("one man, one vote") bei Europawahlen bislang auch nicht annähernd verwirklicht ist.[2] So vertritt zum Beispiel einer der derzeit 81 Abgeordneten aus Deutschland rein rechnerisch 980 000 Menschen, einer der 24 aus Portugal 425 000 und einer der sechs Abgeordneten aus Luxemburg nur 67 000 Menschen.

Heikel ist auch, daß die Abgeordneten von Land zu Land mit unterschiedlichen Wahlsystemen gewählt werden. Das nimmt den Europawahlen zwangsläufig viel von ihrem europäischen Charakter. Genaugenommen sind es gar keine transnationalen europäischen Wahlen, sondern zwölf nationale Wahlen zum Europäischen Parlament. Es werden (allerdings direkt und zum gleichen Zeitpunkt) zwölf nationale Delegationen gewählt, die hernach dann das Europäische Parlament bilden. Das verstärkt in allen Ländern die Neigung, die Europawahlen vor allem als nationale Testwahlen anzusehen.

Als am 20. September 1976 von den Mitgliedstaaten der EG die ersten Direktwahlen beschlossen wurden, da wußten die Beteiligten natürlich um diese Problematik. Trotzdem immer noch besser Wahlen ohne einheitliches Verfahren als überhaupt keine Wahlen, war seinerzeit die Position der Direktwahlbefürworter. Bekräftigt wurde allerdings im dem Beschluß der Staats- und Regierungschefs damals[3] die auch in Artikel 138 des EG-Vertrages ausdrücklich festgehaltene Aufgabe, ein einheitliches Wahlverfahren einzuführen. Die seit 1979 bei den drei bisherigen Europawahlen angewandten Wahlsysteme haben also nur vorläufigen, provisorischen Charakter. Allerdings zeigt die Langlebigkeit dieses Provisoriums bereits, wie schwierig es ist, sich auf ein einheitliches Wahlverfahren zu verständigen.

Der wohl heikelste Punkt bei der Festlegung eines einheitlichen Wahlverfahrens ist die Frage der Aufteilung der Sitze im Europäischen Parlament auf die einzelnen Mitgliedsstaaten. Im Dezember 1992 haben die Staats- und Regierungschefs der EG eine Erhöhung der Zahl der Abgeordneten im Europäischen Parlament um nicht ganz zehn Prozent beschlossen: von 518 auf 567 Sitze.

---

[2] Die Frage, ob die Europawahlen deswegen womöglich sogar anfechtbar sind, wird von Juristen verneint; *Huber* (1992), 372: "Eine strikte und formale Handhabung des Grundsatzes 'Gleichheit der Wahl' ist nämlich solange nicht erforderlich, solange das Parlament nicht die Rolle des zentralen demokratischen Leitungsorgans der Gemeinschaft ausfüllt (...) Da die Mitgliedstaaten auch nach Maastricht 'Herren der Gemeinschaftsverträge' bleiben, ist der völkerrechtliche Grundsatz der Staatengleichheit durchaus ein noch sachgerechter Grund, der die Wahlrechtsgleichheit zu beschränken geeignet ist."

[3] Veröffentlicht im Amtsblatt der EG Nr. L 278 vom 8.10.76.

Diese Erhöhung kann bereits bei den Wahlen im Juni 1994 wirksam werden, vorausgesetzt das Ratifizierungsverfahren ist bis dahin in allen zwölf Mitgliedstaaten abgeschlossen. Notwendig geworden war eine Veränderung wegen der deutschen Vereinigung. Von deutscher Seite wurde die Forderung nach mehr Mandaten erhoben, vor allem um den rund 16 Millionen Menschen in den neuen Bundesländern eine parlamentarische Vertretung im Europäischen Parlament zu sichern, die nicht zu Lasten der Bürger in den alten Bundesländern gehen sollte. Über die Form der Anpassung und die dabei zugrundezulegenden Prinzipien wurde lange gerungen, auf dem Gipfeltreffen in Maastricht im Dezember 1991 noch ohne Ergebnis. Die Staats- und Regierungschefs folgten bei ihrem Gipfel in Edinburgh ein Jahr später schließlich ohne Änderungen einem Vorschlag, den das Europäische Parlament im Juni 1992 gemacht hatte. Er sieht folgende Verteilung der Mandate vor:

Bisherige und künftige Mandatsverteilung im Europäischen Parlament zwischen den Staaten der EU

	Bevölk.	Sitze	Einwohner	Sitze	Einwohner
	in Mio.	bisher	pro Sitz	neu	pro Sitz
			in Tausend		in Tausend
D 1989	61,9	81	764		
D 1992	79,4	81	980	99	802
I	57,4	81	709	87	660
UK	56,9	81	702	87	654
F	56,8	81	701	87	653
ES	38,8	60	647	64	606
NL	14,7	25	588	31	474
P	10,2	24	425	25	408
B	10	24	417	25	400

	Bevölk.	Sitze	Einwohner	Sitze	Einwohner
	in Mio.	bisher	pro Sitz	neu	pro Sitz
			in Tausend		in Tausend
GR	10	24	417	25	400
DK	5,1	16	319	16	319
IRL	3,6	15	240	15	240
LUX	0,4	6	67	6	67

(Zahlen nach einem Zwischenbericht des Abgeordneten de Gucht für den Institutionellen Ausschuß des Europäischen Parlaments vom 6.2.92, Dokumentennummer PE 155.448)

Ins Auge sticht sowohl beim alten wie auch beim neuen Verteilschlüssel, daß die Proportionalität in der Sitzverteilung nicht einmal annäherungsweise eingehalten wird. Nach dem neuen Verteilschlüssel vertritt ein deutscher Europaabgeordneter beinahe zwölfmal soviel Menschen wie sein Kollege aus Luxemburg. Das ist die größte Diskrepanz, die natürlich gerne zitiert wird, auch wenn sie wegen der geringen Zahl der Abgeordneten aus Luxemburg kaum ins Gewicht fällt.

Aber unbestreitbar sind auch sonst die Unterschiede zum Teil erheblich, der Gleichheitsgrundsatz wird durchbrochen, ein deutscher Abgeordneter braucht auch nach dem neuen Verteilschlüssel viel mehr Stimmen als ein britischer Abgeordneter, um gewählt zu werden, ein Brite mehr als ein Niederländer, ein Niederländer mehr als ein Ire. Diese Mandatsverteilung ist ein Kompromiß zwischen dem Prinzip der Staatengleichheit (= gleiche Mandatszahl für alle Länder) und dem bundesstaatlich-demokratischen Prinzip der Proportionalität (= Mandatszahl abhängig von der Bevölkerungszahl).

Dabei neigen die Vertreter der kleineren Mitgliedstaaten in der Regel verständlicherweise eher dem Prinzip der Staatengleichheit zu. Das Prinzip der Staatengleichheit wird aber auch von vielen Franzosen heftig verteidigt, und zwar mit dem Argument der von den Gründervätern der Gemeinschaft gewollten Gleichheit der großen Staaten in der EG. Das neue System war deshalb im Parlament heftig umstritten. Der zuständige Berichterstatter, der holländische Liberale Karel de Gucht, mußte seine Vorschläge mehrfach modifizieren.

Die dann schließlich ausgehandelte, oben beschriebene Lösung ist eine politisch-pragmatische, das verhalf ihr zu der nötigen Mehrheit, die allerdings noch knapp genüg ausfiel (148 Ja, 132 Nein, 83 Enthaltungen). Auch die neue Sitzverteilung verstößt gegen den Grundsatz der gleichen Wahl, gegen das Prinzip der staatsbürgerlichen Gleichheit, den Europaabgeordneten fehlt deswegen unbestreitbar ein Stück demokratischer Legitimation. Das ist vor allem auch deshalb verhängnisvoll, weil sie weniger glaubwürdig nach mehr Entscheidungsrechten verlangen können, so lange dieses Manko nicht behoben ist. Daß es irgendwann behoben werden muß, das wurde in der Entschließung des Parlaments zu dem neuen System festgehalten. Dieses Zugeständnis muß allerdings aus einer negativen Formulierung in der Entschließung herausgelesen werden, die lautet, "daß die Entwicklung der Europäischen Union föderalen Typs noch nicht so weit gediehen ist, daß die Proportionalität der Vertretung im Europäischen Parlament eingeführt werden kann."[4]

Der zweite Einwand: Das Parlament wird größer und darunter leidet womöglich seine Arbeitsfähigkeit. Dies insbesondere, weil bei der anstehenden Erweiterung der Union noch weitere Abgeordnete dazukommen werden. Der Vorschlag des Parlaments hierfür lautet: für Schweden 21 Mandate, Österreich 20, Schweiz 18, Finnland 16, Norwegen 15, Zypern 6, Malta 4. Wenn alle diese Länder in den nächsten Jahren beitreten, bringt dies die Abgeordnetenzahl auf 667 (= 567 + 100). Erfahrungen im Bonner Bundestag mit einer ähnlichen Zahl (derzeit 662) haben dort bereits den Ruf nach einer Verkleinerung laut werden lassen, weil das Bonner Parlament zu schwerfällig geworden sei. Dies gilt wahrscheinlich umso mehr für das Europäische Parlament, das sein Arbeit mehrsprachig und zudem noch an mehreren Arbeitsorten organisieren muß. Als Obergrenze wird in der oben zitierten Entschließung übrigens die Zahl von rund 700 Abgeordneten genannt. Für mögliche weitere Beitritte über die erwähnten Kandidaten hinaus bliebe also wenig Spielraum, es sei denn, die jetzt beschlossenen Kontingente werden gekürzt.

Der zweite sperrige Brocken auf dem Weg zu einem einheitlichen Wahlverfahren ist bisher das britische Wahlsystem mit seiner traditionellen Mehrheitswahl. In den übrigen elf Ländern der Gemeinschaft galt bisher bei den Europawahlen Verhältniswahlrecht, allerdings in unterschiedlichen Varianten. In Großbritannien dagegen werden die Mandate ausschließlich in Einpersonenwahlkreisen vergeben, und zwar jeweils an den Kandidaten mit den relativ meisten Stimmen. Es ist also keine absolute Mehrheit nötig, schon ein hauchdünner Vorsprung gegenüber den anderen Mitbewerbern genügt.

---

[4] Entschließung A3-0186/92 vom 10.6.92.

Dieses "Wer zuerst kommt, mahlt zuerst"-Prinzip führt dazu, daß kleinere Parteien bei der Mandatsverteilung völlig unter den Tisch fallen. So erreichten zum Beispiel die Grünen 1989 landesweit einen Stimmanteil von rund 14 Prozent, erhielten aber keinen einzigen Sitz. Denn in keinem Wahlkreis hatte es einer ihrer Kandidaten geschafft, die meisten Stimmen auf sich zu vereinen. Ähnliche Probleme haben auch die britischen Liberalen.

Das Mehrheitswahlrecht wird gewöhnlich damit gerechtfertigt, daß es für klare und stabile Regierungsmehrheiten sorgt. Dieser Vorteil kommt bei Europawahlen nicht zum Tragen, hier wirken lediglich die Nachteile des Mehrheitswahlrechts: Es verhindert eine angemessene Vertretung aller politischen Strömungen. Außerdem können beim Mehrheitswahlrecht schon kleine Gewichtsverschiebungen von wenigen Prozent erhebliche Auswirkungen auf die Mandatsverteilung haben. So gewannen 1979 die britischen Konservativen mit einem durchschnittlichen landesweiten Stimmanteil von nicht einmal 50 Prozent 60 der 78 in Großbritannien vergebenen Mandate (Die drei Mandate in Nordirland werden nach dem Verhältniswahlrecht vergeben). 1989 schlug das Pendel in die andere Richtung aus, und Labour-Kandidaten gewannen mit einem landesweiten Durchschnitt von knapp 39 Prozent 45 Mandate, weit mehr als die Hälfte des britischen Mandatskontingents. Solche Pendelausschläge können auch die Mehrheitsverhältnisse im Europäischen Parlament maßgeblich beeinflussen.

Hinzu kommt, daß das Gleichheitsgebot verletzt wird, wenn Mehrheitswahlrecht und Verhältniswahlrecht nebeneinander angewandt werden. Denn das führt dazu, daß eine Stimmabgabe für eine kleine Partei von Land zu Land ganz unterschiedliche Erfolgsaussichten hat. Wer in Frankreich oder in Deutschland bei den Europawahlen 1989 die Grünen gewählt hat, konnte davon ausgehen, daß sie mit etwas Glück die 5%-Hürde überspringen und ins Parlament einziehen würden. In Großbritannien dagegen war klar, daß dies im Mehrheitswahlsystem schon beinahe ein kleines Wunder vorausgesetzt hätte: aus dem Stand heraus zumindest in einem Wahlkreis zur stärksten Partei zu werden. So haben bei den Europawahlen 1989 in Frankreich mehr als 1,9 Millionen Bürger die Grünen gewählt, das reichte für acht Sitze im Europäischen Parlament. In Großbritannien gaben rund 2,3 Millionen Wähler den Grünen ihre Stimme, doch die britischen Grünen erhielten nicht einen einzigen Sitz.

Im Vergleich zu diesen Verzerrungen haben die Unterschiede zwischen den übrigen Ländern, die bisher allesamt Spielarten des Verhältniswahlrechts angewendet haben, nur nachgeordnete Bedeutung. So gibt es etwa in Frankreich und Deutschland 5 % - Sperrklauseln, anderswo nicht.

Ein weiterer wichtiger Unterschied ergibt sich bei der Frage, ob die Reihenfolge der Kandidaten auf einer Liste vom Wähler geändert werden kann. Das geht in einigen Ländern (z.B. Dänemark, Niederlande), andere sehen diese sogenannte Präferenzstimme nicht vor. Nicht einheitlich geregelt sind auch eine ganze Reihe weiterer Fragen: Wahlrecht (insbesondere die Frage der im Ausland lebenden Staatsbürger), Mindestalter für die Wählbarkeit (divergiert zwischen 18 und 25 Jahren), Bedingungen für die Kandidatenaufstellung, Besetzung freiwerdender Sitze, Wahlpflicht (in Belgien und Luxemburg), Wahlprüfung (durch nationales Parlament oder gerichtlich) und Wahltermin (in einigen Ländern traditionell donnerstags). Wegen all dieser Unterschiede sprechen Spötter von einem "Neckermann-Wahlrecht", das von Land zu Land nach Gutdünken zusammengestellt wird.

Das Europäische Parlament ging bald nach der Direktwahl 1979 daran, Vorschläge für ein einheitliches Wahlsystem auszuarbeiten, hat sich damit aber schwergetan. Der jüngste Vorschlag wurde am 10. März 1993[5] verabschiedet. Er verzichtet unter ausdrücklicher Berufung auf das Subsidiaritätsprinzip weitgehend auf Detailregelungen und stellt statt dessen lediglich einige Grundsätze auf: Die Sitzverteilung bei Europawahlen soll künftig grundsätzlich nach dem Verhältniswahlsystem erfolgen. Wahllisten können entweder für das gesamte Gebiet eines Mitgliedstaates oder für Regionen bzw. Mehrpersonenwahlkreise aufgestellt werden. Sperrklauseln zwischen 3 und 5 % sowie Präferenzstimmen sind möglich, aber nicht verpflichtend.

Diese Regelungen besagen im Grunde nichts anderes, als daß in den Ländern, die bisher schon das Verhältniswahlrecht anwenden, alles beim alten bleiben kann. Geändert werden müßte demnach nur das Wahlsystem in Großbritannien.

Darum wurde versucht, den Briten eine Brücke zu bauen: Der Vorschlag des Parlaments erzwingt keinen völligen Verzicht auf Einpersonenwahlkreise. Wenn ein Land Einpersonenwahlkreise will, so dürfen höchstens zwei Drittel der auf diesen Mitgliedstaat entfallenden Sitze in solchen Wahlkreisen vergeben werden. Die restlichen Sitze aber müssen über Listen vergeben werden und zwar so, daß im Gesamtresultat die Verteilung der Sitze dem Anteil der Parteien an den landesweit für sie abgegebenen gültigen Stimmen entspricht. Damit wären die oben beschriebenen Verzerrungseffekte weitgehend vermieden. Gleichzeitig wäre die Vorteile von Einpersonenwahlkreisen weitgehend gewahrt.

---

[5] Entschließung A3-0381/92.

Direktwahlkreise garantieren einen direkteren Bezug zu und eine direktere Verantwortlichkeit des Abgeordneten vor seinen Wählern. Dies stärkt zudem die Stellung des Abgeordneten gegenüber seiner Partei und sichert ihm größere Unabhängigkeit.

Auch der jetzt vom Parlament vorgeschlagene Lösungsansatz[6] geht davon aus, daß Europawahlen grundsätzlich im nationalen Rahmen zu organisieren sind und nationale Grenzziehungen zu berücksichtigen haben. Ziel könnte es aber sein, Europawahlen als wirkliche Gemeinschaftswahlen zu organisieren, nationale Grenzen also nicht als unumgänglichen Faktor hinzunehmen. Einen Vorschlag in dieser Richtung hat der spanische Sozialist Enrique Baron Crespo 1991[7] gemacht, als er noch Parlamentspräsident war. Crespo hatte seinerzeit vorgeschlagen, die Zahl der Abgeordneten um 100 auf 618 zu erhöhen. Diese Sitze sollten aber nicht den nationalen Kontingenten zugeschlagen werden, sondern über ein "Europa-Liste" vergeben werden, über deren Zusammensetzung sich die Parteien grenzüberschreitend verständigen müßten. Wäre der Vorschlag Crespos aufgegriffen worden, wäre also ein europäisches Wahlsystem neben die nationalen Wahlverfahren getreten.

Politisch von ähnlich großer Bedeutung wie die Frage des Wahlverfahrens ist die Frage der Wahlbeteiligung. Es gibt wohl keine andere Wahl in Deutschland, bei der die Frage nach der Höhe der Wahlbeteiligung eine solche Wichtigkeit hat wie bei der Europawahl. Denn die Wahlbeteiligung galt bisher immer als Gradmesser für die Bedeutung, die die Bürger dem Thema Europa im allgemeinen und dem Europäischen Parlament im besonderen zumessen. Das bessere oder schlechtere Abschneiden der Parteien im einzelnen wurde dagegen bislang nie europapolitisch interpretiert, sondern galt immer als Test auf die aktuelle bundespolitische Stimmung. Besonders im Vorfeld der ersten Direktwahl 1979 gab es die eine oder andere düstere Prognose, die eine Wahlbeteiligung von weit unter 50 Prozent prophezeite. Tatsächlich lag die Wahlbeteiligung 1979 dann bei 65,7 %. Das war mehr als die Skeptiker vorausgesagt hatten, aber eben auch weit entfernt von den 90,7% Beteiligung, die bei der letzten Bundestagswahl davor verzeichnet worden waren. Die Wahlbeteiligung in Deutschland hat sich dann 1984 deutlich auf 56,8% verschlechtert und ist 1989 wieder angestiegen auf 62,4%. Diesen Anstieg war mehr als ein kleiner Erfolg, denn er wurde gegen den Trend rückläufiger Wahlbeteiligung bei Bundes- und Landtagswahlen erzielt.

---

[6] Die Regelung müßte im Rat einstimmig beschlossen und dann in den 12 Mitgliedstaaten jeweils ratifiziert werden. Das steht für die Wahlen 1994 nicht mehr zu erwarten.

[7] Siehe dazu den Bericht in Agence Europe vom 28.9.91.

Im Vergleich mit den anderen EG-Ländern nahm Deutschland 1989 einen Mittelplatz ein. Aus dieser Rangfolge kann nicht umstandslos auf mehr oder weniger große Europabegeisterung in den einzelnen Länder geschlossen werden. In einigen Ländern besteht Wahlpflicht (Belgien, Luxemburg, Griechenland), in anderen liegt die Wahlbeteiligung auch bei nationalen Wahlen traditionell etwas niedriger (z. B. in Großbritannien). Außerdem sind besondere Konstellationen zu berücksichtigen. So rutschte die Wahlbeteiligung in Frankreich 1989 wohl einfach deshalb unter die 50%-Schwelle, weil das Land durch einen Wahlmarathon (10 Wahlen in 15 Monaten) erschöpft war.

Nationale und Europa-Wahlbeteiligung im Vergleich

	Europawahl 1989	nationale Wahlen (Zeitraum 87 - 89)
1. Belgien	90,7%	94,1%
2. Luxemburg	87,4%	87,6%
3. Italien	81,0%	88,7%
4. Griechenland	79,9%	77,4%
5. Irland	68,3%	73,4%
6. Deutschland	62,3%	84,3%
7. Spanien	54,6%	69,9%
8. Portugal	51,2%	71,6%
9. Frankreich	48,7%	65,7%
10.Niederlande	47,2%	80,3%
11.Dänemark	46,2%	85,7%
12.Großbritannien	36,2%	75,3%

Insgesamt darf das Bild aber auch nicht beschönigt werden. Die Wahlbeteiligung ist zu hoch, als daß das ganze Unternehmen Europawahlen einfach wieder abgeblasen werden müßte. Sie liegt aber in den meisten Ländern zu deutlich unter der Wahlbeteiligung bei nationalen Wahlen, als daß man das Europäische Parlament ohne weiteres als fest verankertes Unterfangen betrachten könnte. Es scheint eine Art Teufelskreis zu wirken: Die Wahlbeteiligung ist nicht so hoch, weil die Bürger das Europäische Parlament nicht so wichtig nehmen. Die Forderung nach mehr Rechten für das Europäische Parlament, die ihm mehr Bedeutung geben könnten, wird mit dem Hinweis abgewehrt, daß es noch nicht ausreichend Rückhalt bei den Wählern habe.

Europawahlergebnisse in Deutschland

	1989		1984		1979	
	%	Sitze	%	Sitze	%	Sitze
CDU	29,6	25	37,5	34	39,1	34
CSU	8,2	7	8,5	7	10,1	8
SPD	37,3	31	37,4	33	40,8	35
Grüne	8,4	8	8,2	7	3,2	/
FDP	5,6	4	4,8	/	6,0	4
REP	7,1	6	/	/	/	/

Schwer abzusehen sind die Auswirkungen des Maastricht-Beschlusses, Unions-Bürgern bei den Europa-Wahlen das Wahlrecht fakultativ auch in einem der anderen elf Mitgliedstaaten der Europäischen Union zu geben, wenn sie ihren Wohnsitz dort und nicht in ihrem Heimatstaat haben. Diese Bestimmung wurde wegen der verzögerten Maastricht-Ratifizierung sehr spät in deutsches Recht übertragen, so daß sehr wenig Zeit blieb, durch Informationskampagnen darauf aufmerksam zu machen. Immerhin bringen die Europawahlen in Deutschland den Einstieg ins Wahlrecht für Ausländer.

Um eine doppelte oder gar mehrfache Stimmabgabe zu verhindern, informieren sich die Mitgliedstaaten gegenseitig darüber, welche Unionsbürger, die in einem anderen EU-Staat ihren Wohnsitz haben, dort die Eintragung in die Wählerliste beantragt haben.

Gegenwärtig leben mehr als 5 Millionen Unionsbürger in EU-Staaten, deren Staatsangehörigkeit sie nicht besitzen. Allein für Deutschland wird die Zahl der für die Europawahlen wahlberechtigten Unionsbürger auf 1,2 Millionen Menschen geschätzt. Sie sollen künftig nicht nur aktives, sondern auch passives Wahlrecht haben, können sich also als Kandidaten aufstellen lassen. Dies wird sich aller Wahrscheinlichkeit nach zu den nächsten Europawahlen im Juni 1994 zumindest in Deutschland nicht mehr realisieren lassen, weil die Kandidatenaufstellung durch die Parteien bereits vor Inkrafttreten des entsprechenden Gesetzes in vielen Fällen abgeschlossen war. Der Einstieg ins Ausländerwahlrecht, den diese Regelung bringt, erfolgt also auch deshalb in Deutschland sehr zaghaft.

9. Für ein neues Europawahlrecht: Von den Dänen lernen

Warum ist der wirkliche Wahlkampf für die meisten Politiker vorbei, bevor der Wahlkampf beginnt? Mit dieser Frage ist nur derjenige zu verblüffen, der keine Ahnung vom Innenleben unserer Parteien hat. Alle anderen wissen, daß für die meisten Politiker zumindest in den großen Parteien die entscheidende Hürde vor dem Einzug ins Parlament nicht vom Wähler aufgerichtet wird, sondern in der eigenen Partei. Wer den innerparteilichen Wahlkampf gewinnt und auf einem aussichtsreichen Listenplatz gehoben wird, der hat den Sprung ins Parlament schon lange vor dem Wahltag geschafft. Werbung um den Wähler ist ihm dann womöglich Ehrensache und Pflichterfüllung, für das politische Überleben zwingend ist sie nicht mehr.

Diese Binsenweisheit gilt in besonderem Maße für die Europawahlen. Denn das bundesdeutsche Europawahlgesetz ist keine Kopie des Bundeswahlgesetzes, sondern konfrontiert den Wähler mit einer Reihe von abweichenden Regelungen im Vergleich zur Bundestagswahl. Der augenfälligste Unterschied ist der, daß der Wähler bei Europawahlen nur eine Stimme hat. Diese Stimme hat die Wirkung, die bei Bundestagswahlen die Zweitstimme hat. Das liegt daran, daß die Europawahl eine reine Verhältniswahl ist. Alle bisher 81 und künftig 99 Mandate werden über die Wahllisten der Parteien vergeben.

Umstritten war bei der Ausarbeitung des Gesetzes Ende der 70er Jahre die Frage, ob mit Bundesliste oder mit Landeslisten gewählt werden sollte. Die seinerzeit in Bonn regierende sozialliberale Koalition schlug ein Wahlsystem vor, bei dem die Parteien nur mit Bundeslisten hätten antreten können. Dagegen setzte sich die christdemokratisch geführte Mehrheit des Bundesrates für Landeslisten ein. Der schließlich gefundene Kompromiß sieht beide Möglichkeiten vor: Bundesliste oder Landeslisten.

Bei Landeslisten sind drei Möglichkeiten denkbar: 1. Eine Partei kandidiert in allen Bundesländern mit Landeslisten. 2. Eine Partei tritt in einigen, aber nicht in allen Bundesländern an. 3. Eine Partei tritt nur in einem Bundesland an. Wenn nicht ausdrücklich etwas anderes erklärt wird, gelten in den Fällen 1 und 2 die Landeslisten einer Partei als verbunden, das heißt, sie werden bei der Aufteilung der Mandate wie ein Wahlvorschlag behandelt.

Das bedeutet, daß die Stimmen in einem Bundesland auch dann nicht verloren sind, wenn sie für sich genommen nicht für ein Mandat ausreichen. Sie fließen dann trotzdem in die Gesamtrechnung mit ein. Bei den bisherigen Wahlen traten alle im Europäischen Parlament vertretenen Parteien mit Bundeslisten an; nur CDU und CSU entschieden sich für Landeslisten.

Anders als bei den Wahlen zum Bonner Parlament gibt es aber keine Wahlkreise und keine Direktkandidaten, die mit vollem persönlichem Einsatz versuchen müssen, dem politischen Gegner das Direktmandat abzujagen. Dieses Manko schwäche die Stellung des einzelnen Europaabgeordneten, klagt der langjährige CSU-Europaabgeordnete und jetzige bayerische Landwirtschaftsminister Reinhold Bocklet.[1] Er nennt folgende negative Auswirkungen der reinen Listenwahl:

- Sie habe einen Anonymisierungseffekt, der allenfalls einem Spitzenkandidaten noch eine gewisse Profilierungschance biete.

- Sie erschwere den Aufbau einer Beziehung zwischen Wählern und Abgeordneten, weil es keine Wahlkreise gibt und damit den Abgeordneten kein räumlich engerer Bezugsrahmen verantwortlich zugewiesen sei.

- Sie begünstige den Einfluß der Parteizentralen auf die Aufstellung der Listen. Bocklet dazu: "Das muß nicht von vorneherein negativ gesehen werden, weil es den Parteien im Hinblick auf den globaleren Charakter der Europawahl hilft, übergeordnete Gesichtspunkte bei der Kandidatenaufstellung zu berücksichtigen. Andererseits trägt dieses Verfahren sicher nicht dazu bei, die Beziehung zwischen Wählern und Abgeordneten zu stärken, es sei denn, es handelt sich um die Vertretung spezifischer Zielgruppen und Interessen."

- Sie erschwere die Festigung einer eigenständigen Rolle der Europaabgeordneten innerhalb des nationalen politischen Willensbildungsprozesses und im europäischen Kontext.

Bocklet schlägt deshalb ein Wahlsytem vor, das nach dem Vorbild der Bundestagswahl Einpersonenwahlkreise mit Listenwahl verbindet. Dabei entsteht allerdings das Problem, daß eine Partei womöglich direkt mehr Mandate gewinnt als ihr aufgrund ihres Gesamtstimmenanteiles eigentlich zustehen.

---

[1] In einem Aufsatz für den Informationsdienst der CDU/CSU-Fraktion "Europa im Blickfeld" vom 15.4.93.

In diesem Fall gibt es bei den Bundestagswahlen sogenannte Überhangsmandate, also zusätzliche Mandate. Bei Europawahlen wäre das nicht möglich, weil die Zahl der Abgeordneten vertraglich auf künftig 99 festgeschrieben wurde und nicht erhöht werden kann. Bocklet empfiehlt deshalb, anders als bei der Bundestagswahl nicht die Hälfte, sondern nur ein gutes Drittel der Mandate direkt zu vergeben. Außerdem solle der Wähler nur eine Stimme haben, mit der er den Direktkandidaten wählen und die gleichzeitig für dessen Partei und ihre Kandidatenliste insgesamt zählen würde. Stimmensplitting wie bei den Bundestagswahlen wäre also nicht möglich, auch das verringere die Gefahr von Überhangsmandaten.

Den Vorschlägen Bocklets ist aus seiner eigenen Fraktion widersprochen worden. Der innenpolitische Sprecher der CDU/CSU-Gruppe im Europäischen Parlament, Dr. Georg Jarzembowski, führt folgende Argumente gegen Bocklet ins Feld:[2]

- Die von Bocklet vorgeschlagenen 35 Direktwahlkreise wären so groß, daß sie in 8 der 16 Bundesländer mit den Ländern selbst identisch wären. Die Wahlkreiskandidaten wären damit praktisch die Spitzenkandidaten der jeweiligen Landesliste, der von Bocklet beklagten Anonymität sei so nicht beizukommen. Auch der Einfluß der Parteizentralen dürfte deshalb kaum zurückzudrängen sein.

- Das vorgeschlagene Modell führe zu einer Zwei-Klassen-Gesellschaft unter den Abgeordneten, zwischen denen mit und denen ohne eigenen Wahlkreis.

- Bei der Einteilung der Bundesrepublik in 35 Wahlkreise gebe es auch technische und rechtliche Probleme, ein Teil von ihnen müßte so Ländergrenzen überschreitend zugeschnitten werden. Denn zumindest Bremen, Hamburg und das Saarland kommen nicht auf die Zahl von 1,73 Millionen Wahlberechtigten, die Bocklet für einen Wahlkeis als Größe zugrundelegt.

- Schließlich weist Jarzembowski auf die langen Fristen hin, die bei einer so tiefgreifenden Änderung des Europawahlgesetzes zu beachten wären. Parteien können bereits neun Monate vor Ablauf des Jahres, das dem Wahljahr vorausgeht, mit der Aufstellung von Kandidaten beginnen und sich, wenn die Aufstellung der Liste erfolgt ist, auf den Grundsatz des Vertrauensschutzes (auf geltendes Recht) berufen.

---

[2] Ebenfalls im Informationsdienst "Europa im Blickfeld" vom 15.4.93.

Einfacher wäre in diesem Fall womöglich eine Anleihe bei unseren Nachbarn. In einigen unserer Partnerländer in der Europäischen Union (z.B. in den Niederlanden und in Dänemark) wird bei Europawahlen nach dem *Verhältniswahlrecht mit Präferenzstimme* gewählt.

Das funktioniert etwa in Dänemark folgendermaßen: Jeder Wähler hat eine Stimme. Die kann er entweder der Kandidatenliste der Partei seiner Wahl insgesamt oder einem Kandidaten auf dieser Liste geben. In beiden Fällen zählt die Stimme für die Partei seiner Wahl, aber mit der Möglichkeit, durch seine Stimmabgabe eine Präferenz für einen bestimmten Kandidaten zum Ausdruck zu bringen, hat der Wähler zudem die Möglichkeit mitzubestimmen, wer von den vorgeschlagenen Kandidaten ins Parlament einziehen kann.

Das dänische Wahlgesetz überläßt es den Parteien, ob sie dem Wähler auf ihrer Liste eine Rangfolge unter den verschiedenen Kandidaten vorschlagen oder darauf verzichten und dem Wähler die Entscheidung völlig allein überlassen. Wenn die Parteien eine Rangfolge vorschlagen, dann ist diese nicht bindend, sondern der Wähler kann die Reihenfolge auf der Liste beeinflussen und verändern, also die von den Parteien vorgeschlagenen Kandidaten durch seine Präferenzstimme herab- oder heraufstufen.

Daß dieses auf den ersten Blick etwas kompliziert und umständlich erscheinende Verfahren vom Wähler angenommen wird, läßt sich am dänischen Beispiel belegen. Dort nutzten 68 Prozent, also zwei von drei Wählern, bei den Europawahlen 1989 die Möglichkeit zur Abgabe einer Präferenzstimme.

Dänemark schickt insgesamt 16 Abgeordnete ins Europäische Parlament, die auf sechs verschiedenen Listen gewählt wurden. Eine Auswertung der Wahllisten und der erzielten Resultate zeigt, daß bei immerhin fünf der insgesamt sechs Wahllisten, die zum Zuge kamen, die Wähler mit ihren Präferenzstimmen die von den Parteien vorgeschlagene Reihenfolge zum Teil erheblich verändert haben.

Stärkste Partei wurden die Sozialdemokraten mit vier Mandaten. Deren Spitzenkandidatin wurde von den Wählern mit ihren Präferenzstimmen bestätigt, an zweiter Stelle kam ein Kandidat, der von seiner Partei auf Platz 12 plaziert worden war, das dritte Mandat bekam die Kandidatin, die auf Platz 2 stand und das vierte Mandat der Kandidat auf Platz 5. Zwei der vier Gewählten verdanken also ihr Mandat einem ausdrücklichen Votum der Wähler, die sich über besser plazierte Vorschläge ihrer Partei hinwegsetzten. Die genaue Stimmverteilung für die Sozialdemokraten zeigt die Tabelle auf der folgenden Seite:

Verteilung der Präferenzstimmen bei den dänischen Sozialdemokraten

Kandidatenfolge wie von der Partei vorgeschlagen	Persönliche Stimmen	Rangfolge (*gewählt)
1) Kirsten Jensen	108 974	1*
2) Joanna Ronn	18 967	3*
3) Niels Sindal	14 939	5
4) Ralf Pittelkow	8 673	11
5) Freddy Blak	16 700	4*
6) Lars Engberg	9 310	10
7) Arne Bech	9 916	9
8) Jeff Bagger	5 493	13
9) Ole H. Rasmussen	13 764	7
10)Sune Finn Sunesen	3 702	14
11)Gorm Bramsaas	13 246	8
12)Ejner Hovgaard Christiansen	26 583	2*
(...)		
20)Linda Morgan-Fisher	1 824	18

(Angaben des dänischen Inneministeriums vom 19.6.89)

Ein ähnliches Bild wie bei den Sozialdemokraten ergab sich bei der liberalen Venstre. Auch hier wurde der Spitzenkandidat mit den meisten Präferenzstimmen bestätigt, das zweite Mandat bekam der an fünfter Stelle plazierte, das dritte die Kandidatin auf Platz 4.

Und noch ein drittes Beispiel: Bei der Konservativen Volkspartei ging eines ihrer beiden Mandate über Präferenzstimmen an die Spitzenkandidatin, das zweite an den Kandidaten auf Platz 7. Generell läßt sich sagen, daß nur die Spitzenkandidaten der Parteien in Dänemark wirklich einigermaßen sicher sein können, auch ins Europäische Parlament einzuziehen. Das dürfte die übrigen auf der Liste zu höchstem politischen Einsatz bis zum Wahltag motivieren. Und es gibt dem Wähler das Gefühl, daß es sich durchaus lohnt, die einzelnen Kandidaten mal etwas genauer unter die Lupe zu nehmen.

Das ist nicht nur motivierend für den Wahlbürger, sondern auch gut für die Kandidaten. Es befreit sie ein Stück aus der Abhängigkeit von ihrer Partei, weil der Wähler deren Entscheidung korrigieren kann. Und es rückt die Kandidaten in den Vordergrund, personalisiert die Europa-Wahlen, nimmt ihnen ein Stück der so oft beklagten Anonymität. Denn wenn der Wähler weiß, daß er nicht nur zwischen Parteien wählen kann, sondern auch zwischen Kandidaten der Partei seiner Wahl, dann rückt die Frage, wer denn da zur Wahl steht, beinahe automatisch in den Vordergrund.

Durch ein Wahlverfahren mit Präferenzstimme könnte die Europawahl als solche wahrscheinlich auch in Deutschland an Spannung (und Beteiligung!) gewinnen, weil es nicht mehr nur um Prozentverschiebungen zwischen den Parteien ginge, sondern auch um das Abschneiden von einzelnen Persönlichkeiten. Das dürfte für zusätzliches Interesse der elektronischen Medien sorgen, käme es doch ihrem beinahe unstillbaren Bedürfnis nach Personalisierung der Politik entgegen. Schließlich wäre eine solche Wahlrechtsänderung wesentlich leichter umzusetzen als die von Bocklet vorgeschlagene Reform. Die Notwendigkeit, Wahlkreise einzuteilen, entfiele. CDU und CSU könnten ihre Landeslisten beibehalten, die übrigen weiterhin mit Bundeslisten antreten.

Nun dürfte eingewandt werden, daß das Verhältniswahlrecht mit Präferenzstimme dazu führt, daß der Wahlkampf zwischen den Parteien in den Hintergrund rückt, und statt dessen der Wettbewerb um Präferenzstimmen im Mittelpunkt steht, mit der Folge innerparteilicher Auseinandersetzung bis zum Wahltag. Schlechthin der Albtraum eines jeden Wahlkampfmanagers hierzulande. Trotzdem scheint es mir gerade im Zusammenhang mit dem Thema Europa wünschenswert, daß diese innerparteilichen Auseinandersetzungen endlich auf offenem Markt ausgetragen werden und in den Mittelpunkt rücken. Warum ist denn die Wahlbeteiligung bei Europa-Wahlen bisher in Deutschland so vergleichsweise gering gewesen? Doch nicht nur und wahrscheinlich nicht einmal maßgeblich deswegen, weil das Europäische Parlament noch nicht all die Rechte hat, die es sich wünscht. Sondern vor allem deswegen, weil CDU, CSU, SPD und FDP dem Wähler bisher wenig Wahl ließen.

Unisono und jedesmal aufs Neue wurde dem Wähler in den drei ersten Europawahlkämpfen seit 1979 gesagt, daß Europa eine gute Sache sei. Eine Möglichkeit, mit dem Stimmzettel wenigstens ein Fragezeichen zu setzen, blieb nicht, wenn man sich nicht für extremistische Protestparteien entscheiden wollte. Dabei gibt es in allen etablierten Parteien seit einiger Zeit eine nicht zu unterschätzende Minderheit von Politikern, die zwar nicht europafeindlich sind, aber Bedenken gegen den Weg anmelden, der gegenwärtig beschritten wird.

Die europapolitischen Konfliktlinien laufen also nicht entlang der Parteigrenzen, sondern quer zu ihnen durch alle Parteien. Und das dürfte keine momentane Ausnahmesituation bleiben, sondern dauernde Begleiterscheinung eines europäischen Integrationsprozesses werden, der intensiver und damit auch konfliktreicher wird. In solch einer Konstellation kann ein Wahlsystem hilfreich sein, das nicht dazu zwingt, die innerparteilichen Gegensätze zuzukleistern.

Wenn mit Präferenzstimme gewählt wird, dann hat nicht unbedingt die Partei die größten Chancen, die möglichst geschlossen auftritt, sondern womöglich die, die dem Wähler ein breites Spektrum von Positionen anbietet und es ihm überläßt, dann in diesem Spektrum die Akzente zu setzen. Anders ausgedrückt: Politiker mit Positionen wie sie von Manfred Brunner, dem Anti-Maastricht-Kläger und früheren FDP-Mitglied, und von Peter Gauweiler, dem "Esperanto-Geld"-Kritiker in der CSU, vertreten wurden, sollten vor Europawahlen von ihren Parteien nicht schamhaft versteckt oder ausgegrenzt, sondern ins Angebot an den Wähler aufgenommen werden.

Das wäre heilsam und herausfordernd auch für die Kritiker, denn sie könnten sich nicht mehr nur aufs Grummeln und auf wohlfeile Schlagworte zurückziehen, sondern müßten inhaltliche Alternativen erarbeiten und müßten ihre politischen Positionen einem Test durch den Wähler unterziehen. Es wäre gut für den politischen Alltag im Europäische Parlament, denn der profitiert womöglich von Zweiflern, die innerlich erst noch gewonnen werden müssen, mehr als von hundertprozentig Überzeugten. Und es wäre gut für die politische Kultur in Deutschland, der so womöglich eine Anti-EG/Rettet-die-DM-Partei erspart bliebe.

10. Das "Demokratiedefizit": Ein Schlagwort und seine Tücken

Kaum ein Schlagwort ist in Deutschland im Zusammenhang mit Europäischer Union und Europäischer Gemeinschaft so geläufig wie das vom "Demokratiedefizit". Seine Verbreitung verdankt es zunächst und vor allem der Tatsache, daß sowohl Gegner als auch Befürworter einer weiteren europäischen Integration von diesem Demokratiedefizit sprechen. Weil in diesem Punkt ein so breiter Konsens zu bestehen scheint, wird selten hinterfragt, was denn damit gemeint ist und ob alle das gleiche meinen, wenn sie vom Demokratiedefizit reden.

Das Schlagwort vom Demokratiedefizit ist aber auch deswegen so eingängig, weil es genau der Seelenlage des politikverdrossenen Durchschnittsbürgers entspricht. Es verknüpft ein hehres Ideal mit der Beschreibung einer Realität, die weit dahinter zurückbleibt. Demokratie, der Begriff ist (Gottseidank!) so positiv besetzt, daß sich sogar ihre Gegner darauf berufen. Und unter dem Motto "Mehr Demokratie wagen" waren in Deutschland auch schon Wahlen zu gewinnen. Die Demokratisierungseuphorie der 70er Jahre hat sich zwar verflüchtigt, aber der Begriff hat trotzdem viel von seiner beinahe magischen Wirkung bewahrt.

Im Kontrast dazu wird die politische Realität als völlig unbefriedigend empfunden, Politikverdrossenheit grassiert. Auch und gerade in Bezug auf die Europäische Union, die als anonymes Gebilde erlebt wird, in der weitreichende Entscheidungen auf nicht oder nur schwer nachvollziehbare Weise zustandekommen. Das löst bei den Bürgern Ohnmachtsgefühle aus. Auch deshalb findet der Begriff Demokratiedefizit in der Öffentlichkeit solchen Anklang.

Neben dieser diffusen Bedeutung wird der Begriff Demokratiedefizit allerdings auch als Etikett gebraucht, um präzise, aber durchaus voneinander abweichende Sachverhalte zum umschreiben. Die gängigste Verwendung findet der Begriff bisher, um die Schwäche des Europäischen Parlaments zu kritisieren. Der Argumentationsgang läßt sich folgendermaßen referieren: Dem Europäischen Parlament wird insbesondere im Bereich der Gesetzgebung ein Großteil der Rechte vorenthalten, die für die nationalen Parlamente selbstverständlich sind. Das führt zu einer Entparlamentarisierung der politischen Entscheidungsprozesse.

Immer mehr Entscheidungen werden von der nationalen Ebene auf die EG-Ebene verlagert, die nationalen Parlament verlieren also Stück für Stück ihre Kompetenzen. Dieser Kompetenzverlust der nationalen Parlamente erfolgt aber nicht zugunsten des Europäischen Parlaments, sondern die legislativen Befugnisse werden in den Rat der Europäischen Union verlagert, also in das Gremium, in dem die Vertreter der Regierungen der Zwölf über die Politik von Union und EG entscheiden. Das Demokratiedefizit entsteht und vergrößert sich also in dem Maße, wie Entscheidungsbefugnisse von der Legislative zur Exekutive verlagert werden. Dazu schreibt der frühere CSU-Europaabgeordnete Reinhold Bocklet:

"Die Gesetzgebungsverfahren bleiben auf europäischer Ebene weit hinter den Anforderungen zurück, die an die Gesetzgebung eines demokratischen Staatswesens zu stellen sind und nach denen die EG selbst ihre Mitgliedsländer mißt. Da der EG-Ministerrat nach wie vor allein die Gesetzgebungskompetenz innehat, werden die Gesetze der EG (Verordnungen und Richtlinien genannt) praktisch von den nationalen Bürokratien gemacht, die im Ministerrat (Rat) wie in einem ständigen Gesandtenzirkel der nationalen Regierungen nach den Regeln der Diplomatie zusammenwirken und unter Ausschluß der Öffentlichkeit tagen. Dieser europäische Gesetzgebungszustand erinnert fatal an die Zeiten des ancien régime, er bildet den Kern des Demokratiedefizits der Gemeinschaft und darf vom Standpunkt der Demokratie aus ohne Übertreibung als Skandal bezeichnet werden."[1]

In den Ausführungen Bocklets findet sich auch der Hinweis auf die mangelnde Transparenz der Entscheidungsfindung im Rat. Dies ist der zweite Aspekt, der gewöhnlich mit dem Etikett "Demokratiedefizit" versehen wird. Der Rat verhandelt und entscheidet hinter verschlossenen Türen. Deshalb ist für die Beobachter nicht nachvollziehbar, ob Positionen, die vorher von den Beteiligten öffentlich vertreten werden, dann auch tatsächlich in den Verhandlungen mit gleicher Vehemenz verfochten werden. Es ist ferner nicht nachvollziehbar, wer wen mit welchen Argumenten überzeugt oder mit welchen Zugeständnissen umstimmt.

Die Journalisten müssen sich in der Regel ausschließlich auf das verlassen, was die Beteiligten hinterher zum Ergebnis ihrer Beratungen erklären. Günstigstenfalls kann der erfahrene Beobachter aufgrund der womöglich voneinander abweichenden Erklärungen und der unterschiedlichen Akzente darin rekonstruieren, wo die Konfliktlinien bei den Beratungen verlaufen sind und wie es schließlich zum Kompromiß kam. Letztendlich bleibt aber immer Raum für Mutmaßungen und Spekulationen, die von den an den Verhandlungen Beteiligten womöglich sogar gewollt sind und geschürt werden.

[1] In einem Beitrag für den Informationsdienst der CDU/CSU-Bundestagsfraktion "Europa im Blickfeld" vom 22.4.92.

Daran hat sich nichts Grundlegendes geändert, seit von den Staats- und Regierungschefs der Zwölf auf ihrem Gipfeltreffen in Edinburgh im Dezember 1992 beschlossen wurde, die Beratungen des Rates von Zeit zu Zeit per Fernsehübertragung der Öffentlichkeit zugänglich zu machen. Ausdrücklich davon ausgenommen sind aber die Verhandlungen des Rates über Rechtsvorschriften, die weiterhin vertraulich geführt werden.

Für die Öffentlichkeit bleiben dann "Fensterreden und ewige Wahrheiten".[2] Auch der Beschluß von Edinburgh, die Abstimmungsprotokolle des Rats einschließlich von Erklärungen zur Stimmabgabe der Öffentlichkeit zugänglich zu machen, hilft da in vielen Fällen nicht weiter. Denn auch bei kontroversen Themen wird im Rat häufig auf eine förmliche Abstimmung verzichtet, weil jeder der beteiligten Minister die Positionen der anderen sowieso genau kennt.

Angesichts des eben Beschriebenen liegt die Frage nahe, wie denn solche undemokratisch anmutenden Entscheidungsstrukturen überhaupt gerechtfertigt werden. An dieser Stelle wird von vielen schlicht und einfach bestritten, daß der Rat überhaupt als Gesetzgeber tätig ist. Vielmehr - so eine verbreitete juristische Lesart - gehe es darum, von den nationalen Parlamenten oder per Volksabstimmung ratifzierte Verträge anzuwenden und die darin festgelegten Ziele zu verwirklichen.

In dieser Lesart ist übrigens das Europäische Parlament ohne jede juristische Bedeutung. Die EG-Politik wäre genauso sehr (oder wenig) legitimiert, wenn es kein Europäisches Parlament gäbe. Peter M. Huber faßt diese unter Staatsrechtlern verbreitete Betrachtungsweise des Europäischen Parlaments so zusammen:

> "Seine unmittelbare Wahl durch die Völker der Mitgliedstaaten kann deshalb nur als Geste guten Willens, als Reverenz an das demokratische Prinzip begriffen werden. Die verfassungsrechtliche - nicht politische - Bedeutung des Europäischen Parlaments ist im gegenwärtigen Gefüge der Gemeinschaft deshalb, um das berühmte Wort von Montesquieu abzuwandeln, 'en quelque façon nulle'."[3]

Nicht ganz so drastisch waren die Richter des Bundesverfassungsgerichts in ihrem Maastricht-Urteil vom 12.10.93, mit dem auch in Deutschland grünes Licht für die Ratifizierung des Vertragswerkes gegeben und damit der Weg für das Inkrafttreten des Vertrages nach monatelanger, quälender Wartezeit freigemacht wurde.

---

[2] So die Schlagzeile in der Frankfurter Allgemeinen Zeitung vom 2.2.93.

[3] *Huber* (1992), 356.

Auch die deutschen Verfassungsrichter heben zwar die Bedeutung der nationalen Parlamente hervor und stellen fest, in der Europäischen Union erfolge demokratische Legitimation "notwendig durch die Rückkoppelung des Handelns europäischer Organe an die Parlamente der Mitgliedstaaten."[4] Bereits in der gegenwärtigen Phase der Entwicklung der Europäischen Union habe die Legitimation durch das Europäische Parlament aber eine "stützende Funktion", die sich verstärken ließe, "wenn es nach einem in allen Mitgliedstaaten übereinstimmenden Wahlrecht (...) gewählt würde und sein Einfluß auf die Politik und Rechtsetzung der Europäischen Gemeinschaften wüchse." Die Karlsruher Verfassungsrichter haben also einer Ausdehnung der Kompetenzen und Einflußmöglichkeiten des Europäischen Parlaments keinen Riegel vorgeschoben.

Den Hauptakzent setzen sie aber in ihrem Urteil woanders: Sie unterstreichen, daß auch "im Fortgang der Integration in den Mitgliedstaaten eine lebendige Demokratie erhalten" bleiben muß und deshalb "dem Deutschen Bundestag Aufgaben und Befugnisse von substantiellem Gewicht verbleiben müssen." Dies ist ihrer Meinung nach nur sicherzustellen, wenn der Ausdehnung der Aufgaben und Befugnisse der Europäischen Gemeinschaften Grenzen gesetzt werden. Werden diese Grenzen gesetzt und eingehalten, dann - so kann man den Tenor im Urteil verstehen - ist das oben beschriebene Übergewicht des Rates in der Rechtsetzung der Europäischen Gemeinschaft hinnehmbar:

> "Die Wahrnehmung von Hoheitsgewalt durch einen Staatenverbund wie die Europäische Union gründet sich auf Ermächtigungen souverän bleibender Staaten, die im zwischenstaatlichen Bereich regelmäßig durch ihre Regierungen handeln und dadurch die Integration steuern. Sie ist daher primär gouvernemental bestimmt. Soll eine solche Gemeinschaftsgewalt auf der von dem je einzelnen Volk vermittelten, insofern demokratischen Willensbildung beruhen, setzt das voraus, daß sie von einem Organ ausgeübt wird, das von den mitgliedstaatlichen Regierungen beschickt wird, die ihrerseits demokratischer Kontrolle unterstehen. Auch der Erlaß europäischer Rechtsnormen darf - unbeschadet der Notwendigkeit einer demokratischen Kontrolle deshalb der Regierungen - in größerem Umfang bei einem von Vertretern der Regierungen der Mitgliedstaaten, also exekutiv besetzten Organ, liegen; als dies im staatlichen Bereich verfassungsrechtlich hinnehmbar wäre."

Überspitzt gesagt hat mit diesen Sätzen die von vielen im weiter oben dargelegten Sinne beklagte Entparlamentarisierung der Entscheidungsprozesse in der Europäischen Union nicht nur den offiziellen verfassungsrichterlichen Segen, sondern wird zudem beim gegenwärtigen Integrationsstand für beinahe zwangsläufig und unausweichlich erklärt.

---

[4] Dieses Zitat wie die folgenden aus der hektografierten Fassung des Urteils vom 12.10.93 auf den Seiten 42 - 45.

Bemerkenswert, insbesondere wegen des Streits in der CSU um die Europapolitik, ist, wie der CSU-Europapolitiker Peter Schmidhuber, seines Zeichens EG-Kommissar in Brüssel, das Urteil der Verfassunsgsrichter kommentiert:

"Eine der zentralen und zugleich überraschendsten Aussagen des BVerfG-Urteils lautet dabei, daß es 'zuförderst die Staatsvölker der Mitgliedstaaten' sind, die den Staatenverbund 'über die nationalen Parlamente demokratisch zu legitimieren haben'. (...) Damit unterschätzt auch das BVerfG die bestehenden Rechte und Einflußmöglichkeiten des Europäischen Parlaments (EP). Im Haushaltsbereich zum Beispiel besteht nahezu ein Machtgleichgewicht mit dem Rat. Der Kommissionspräsident und die gesamte Kommission müssen künftig vom EP bestätigt werden. Wesentliche Politikbereiche, insbesondere die Beziehungen zu Drittstaaten, aber auch Binnenmarkt und Forschung unterliegen von nun an einem Mitentscheidungsverfahren. Positiv ist aber zu bewerten, daß die doppelte Legitimation anerkannt wird; doch ist die Frage erlaubt, ob die nationalen Parlamente in der Praxis in der Lage waren und sein werden, durch eine effektive Ausübung der Kontrollfunktionen dem Anspruch des BVerfGs gerecht zu werden. Das Entscheidungsverfahren im Ministerrat hat seine eigene Dynamik, in der die Befassung der nationalen Parlamente nichtstrukturell eingebunden ist. Wirklich kontrolliert werden der Ministerrat und die Kommission nach meiner Erfahrung schon jetzt in erster Linie durch das EP."[5]

Neben der Denkschule, die die Entparlamentarisierung der Rechtsetzung als Kern des Demokratiedefizits ausmacht, gibt es eine andere, die das Demokratiedefizit der Europäischen Union im wesentlichen als Informationsdefizit definiert. So schreibt zum Beispiel Karlheinz Reif, die Bekanntheit der entscheidenden Optionen von Politik in der Demokratie, wie sie aus den Kontroversen von Parteien, Spitzenpolitikern und anderen Teilnehmern der politischen Debatte innerhalb der Mitgliedstaaten täglich neu 'hergestellt' werde, gehe dem Bürger in Sachen Europa ab. Die Optionen der EG-Politik, wenn sie überhaupt sichtbar würden, würden als internationale Konflikte zwischen Nationalstaaten dargestellt, nicht als innenpolitische Alternativen zwischen Parteien, 'Lagern', Führungspersönlichkeiten oder Interessenkoalitionen. Als Ausweg aus dem Informationsdefizit schlägt Reif eine Personalisierung der Europapolitik und der Europawahlkämpfe vor:

"Im Wahlkampf zum Europäischen Parlament als einer Auseinandersetzung über die besseren Konzepte für die Gestaltung der Zukunft der Gemeinschaft und über die besseren Kompetenzen zur Bewältigung der anstehenden Probleme bedarf es einer Konzentration der öffentlichen Debatte auf die Frage 'Wer ist der beste Kandidat für das Amt des Kommissionspräsidenten?', verknüpft mit der Frage 'Welches ist die beste europäische Partei bzw. Koalition zur parlamentarischen Mehrheitsunterstützung der Kommission?'"[6]

---

[5] In "Europa im Blickfeld" vom 20.12.93.

[6] *Reif* (1992), 49.

Eine Reform der Gemeinschaft in diesem Sinne würde die EG einem europäischen Bundesstaat ein großes Stück näherbringen. Dieser Ansatz steht in scharfem Gegensatz zu denen, die das Demokratiedefizit der Europäischen Gemeinschaft zumindest kurz- oder mittelfristig sozusagen für unheilbar erklären. An prominenter Stelle seien hier erwähnt der Richter am Bundesverfassungsgericht Dieter Grimm und der Politikerwissenschaftler Peter Graf Kielmansegg Insbesondere Grimm rückt dabei Europas Sprachenvielfalt als zentrales Problem in den Vordergrund. Er schreibt:

> "Kommunikation, auch politische, ist an Sprache und sprachlich vermittelte Welterfahrung und Weltdeutung gebunden. In der EG werden derzeit neun Sprachen gesprochen. Wenn davon auf der politisch-administrativen Ebene zwei oder drei vorherrschen werden, ändert das nichts daran, daß breite Schichten der Bevölkerung sich nur mittels ihrer Muttersprache informieren und am politischen Meinungsbildungsprozeß beteiligen können. Information und Partizipation als Grundvoraussetzung demokratischer Systeme bleiben sprachlich bedingt. Eine europäische Öffentlichkeit und einen breiten öffentlichen Diskurs auf europäischer Ebene wird es deswegen noch auf lange Sicht nicht geben. Ein europäisches Staatsvolk, dem die Hoheitsgewalt zugerechnet werden könnte, ist gar nicht in Sicht. Ohne ein europäisches Staatsvolk und einen europäischen politischen Diskurs kann sich das Europäische Parlament aber nicht in eine Volksvertretung verwandeln."[7]

Die Tatsache, daß alle dieselbe Sprache sprechen, erleichtert unbestreitbar die Bildung eines Staatsvolkes und damit eines Staates oder staatsähnlichen Gebildes. Sie ist aber keine hinreichende Bedingung dafür. Und sie ist auch keine notwendige Bedingung dafür. Dies zeigt der Blick auf die Schweiz, die ja trotz ihrer Mehrsprachigkeit unzweifelhaft zu den demokratischen Musterbeispielen zählt.

Natürlich läßt sich ein föderales Europa nicht umstandslos nach dem Vorbild der Schweiz errichten. Aber europäische Demokratie wegen der Sprachenvielfalt für unmöglich zu erklären, ist eine beinahe reaktionäre Position. Das Argument erinnert in seinem Strickmuster an die, die im vorigen Jahrhundert ins Feld geführt wurden, um das allgemeine Wahlrecht abzulehnen oder um den Frauen das Wahlrecht zu verweigern.

In scheinbar bester Absicht wird im Kern immer mit der Unmündigkeit der Betroffenen argumentiert. Früher wurde erklärt, sie seien nicht imstande, die Geschicke ihres Landes mitzubestimmen, weil es ihnen an Bildung und Informationen fehle. Heute werden sie für unfähig erklärt, die Geschicke einer europäischen Demokratie mitzubestimmen, weil sie keine Fremdsprache beherrschen.

---

[7] Im Spiegel 43/1992 vom 19.10.92.

Wer wie Peter Graf Kielmansegg[8] das Fehlen eines europäischen Fernsehprogramms konstatiert und dies als Beleg für seine These anführt, daß europäische Öffentlichkeit kaum herstellbar sei, der hat sich offenbar noch nie durch das Programmangebot im Kabel- oder Satellitenfernsehen gezappt. Dann wüßte er, daß es zwar kein zentrales europäisches Fernsehprogramm gibt, aber mehr und mehr europäische Programmangebote. Und am Zeitungskiosk gibt es Blätter, die ihre Aufgabe erkennbar auch darin sehen, bei der Bildung einer öffentlichen Meinung in Europa mitzuwirken. Das sind im Moment noch Angebote an eine Minderheit, aber auch die FAZ wird ja in Deutschland nach wie vor nur von einer Minderheit gelesen, ohne daß jemand auf die Idee käme zu erklären, die Demokratie in Deutschland sei in Gefahr, weil nicht alle Bürger auf dem hohen Informations- und Kenntnisstand sind, den die FAZ ihren Lesern vermittelt.

Beinahe grotesk wird es, wenn Kielmansegg in dem erwähnten Artikel beklagt, "nicht einmal die Politiker haben es ja in vierzig Jahren, bei aller europäischen Rethorik, dahin gebracht, ohne Dolmetscher miteinander reden zu können." Entscheidend ist doch, daß sie trotzdem erfolgreich zusammenarbeiten und sich verständigen können. Bestes Bespiel hierfür ist das Europäische Parlament selbst, das arbeitsfähig ist, ohne daß die Abgeordneten Fremdsprachenkenntnisse vorweisen müssen. Und ohne daß sie gezwungen wären, ihre Muttersprache sozusagen an der Garderobe abzugeben.

Wenn wahr ist, daß das Fehlen einer europäischen öffentlichen Meinung, eines europäischen politischen Diskurses die europäische Integration behindert und erschwert, dann ist umgekehrt genauso wahr, daß die Art und Weise, in der bisher europäische Integration gemacht wurde, die Entstehung einer europäischen öffentlichen Meinung behindert und erschwert hat. Wenn und solange Europapolitik als ein im Grunde technokratisches Projekt von Beamten, Experten und Lobbyisten betrachtet wird und der breiten Öffentlichkeit vorzugsweise als das Feilschen der beteiligten Regierungen um die jeweiligen "nationalen Interessen" dargeboten wird, wird die Herausbildung einer europäischen demokratischen Öffentlichkeit in der Tat auf sich warten lassen. Wer das demokratische Defizit der europäischen Integration für unheilbar erklärt, der muß auch sagen, was er als Alternative vorschlägt. Will er die Gemeinschaft auf dem gegenwärtig erreichten Integrationsstand einfrieren? Doch wohl nicht, denn damit wäre das Demokratiedefizit ja nicht behoben, sondern verewigt. Oder will er den erreichten Stand an Integration zurückschneiden, also Desintegration? Grimm schreibt dazu:

---

[8] In der Frankfurter Allgemeinen Zeitung vom 2.12.92.

"Die Errungenschaften des demokratischen Verfassungsstaats lassen sich vorerst in vollem Umfang nur auf nationaler Ebene wahren. Wenn das zutrifft, muß es Konsequenzen für die künftige Gestaltung Europas haben. Läßt sich die EG auf lange Sicht nicht in einen demokratischen Verfassungsstaat verwandeln, dann darf sie nicht weiter auf eine bundesstaatliche Struktur hin entwickelt werden, sondern muß ein Zweckbündnis bleiben, auch wenn seine Befugnisse durchaus steigen können."[9]

Nach dieser Absage an bundesstaatliche Strukturen fordert Grimm in dem zitierten Artikel beinahe im gleichen Atemzug zwei Dinge, die für einen Bundesstaat geradezu charakteristisch sind: eine Parlamentarisierung der EG und eine deutliche Kompetenzabgrenzung zwischen EG und Mitgliedstaaten. Damit tappt Grimm in eine intellektuelle Falle, die er sich selbst gestellt hat: Wer die EG nicht als Schicksalsgemeinschaft versteht, sondern sie als Zweckbündnis definiert, der darf nicht ihre Parlamentarisierung betreiben. Denn Parlamentarisierung bedeutet ja Stärkung ihrer Legitimität, also eine Stärkung ihres Gewichtes und Einflusses. Wer den europäischen Bundesstaat nicht will und europäische Kooperation auf Zusammenarbeit der Regierungen im Rahmen eines Staatenbundes beschränkt sehen will, der darf eben gerade kein starkes Europäisches Parlament fordern. Mehr noch: Konsequent zu Ende gedacht muß er eine Konstellation anstreben, in der das Europäische Parlament überflüssig wäre.

Unter welcher Bedingung wäre das Europäisches Parlament überflüssig? Wenn alle Entscheidungen im Rat nur einstimmig getroffen werden könnten. Denn dann wäre die lückenlose parlamentarische Kontrolle des Handelns der Gemeinschaft durch die nationalen Parlamente möglich. Die nationalen Parlamente könnten ihre Regierungen zwingen, vor Ratsentscheidungen eine Stellungnahme einzuholen und sich dann bei der Abstimmung im Rat daran zu halten. Die Folge davon ist allerdings absehbar: Weitgehende Handlungsunfähigkeit der Gemeinschaft, weil Fortschritt immer nur auf dem von allen akzeptierten kleinsten gemeinsamen Nenner möglich wäre.

Zur zweiten Forderung von Grimm: Wer eine deutliche Kompetenzabgrenzung zwischen Gemeinschaft und Mitgliedstaaten vornimmt, der legt damit zwar fest, was der EG an Kompetenzen nicht zusteht. Aber im Umkehrschluß eben auch, was ihr an Kompetenzen zusteht. Genau diese Frage wurde aber von den beteiligten Staaten immer in der Schwebe gehalten. Und die Art und Weise, wie bisher von ihnen mit den Gemeinschaftsverträgen umgegangen wurde, zeigt, daß diese Verträge sich so auslegen lassen, daß eine beinahe stürmische Entwicklung möglich ist.

---

[9] Im Spiegel 43/1992 vom 19.10.92.

Beispiele sind die schnelle Schaffung der Zollunion in den 60er Jahren und die schnelle Umsetzung des Binnenmarktprogramms Ende der 80er/Anfang der 90er Jahre. Die Verträge lassen sich aber auch so auslegen, daß sich nichts mehr bewegt. Das hat Frankreichs Staatspräsident de Gaulle in den 60er Jahren nachhaltig demonstriert, das wurde Anfang der 80er Jahre als Eurosklerose beklagt. Und daran hat sich auch mit Maastricht nichts Grundlegendes geändert.

Das Schreckensgemälde einer EG, die "keine innere Begrenzung ihrer Regelungsbefugnis" (Grimm) kennt und deswegen in alle Lebensbereiche vereinheitlichend eingreift, dieses Schreckensgemälde entsteht auf dem Hintergrund der Erfahrungen der letzten Jahre, in denen die Gemeinschaft in einem Kraftakt tatsächlich ein ehrgeiziges Liberalisierungsprogramm verwirklicht hat. Nichts wäre falscher, als daraus zu schließen, daß die EG dadurch gewissermaßen zum gefährlichen Selbstläufer geworden ist, den es unter Aufbietung aller Kräfte zu stoppen gilt.

In dem Moment, wo der politische Wille zu weiteren Integrationsschritten bei den beteiligten Regierungen und Staaten abhanden kommt, fällt sie kraftlos in sich zusammen. Denn die EG verfügt nach wie vor nur über geliehene Legitimität, in der staatsrechtlichen Theorie sowieso (siehe oben), aber auch in der politischen Praxis, die in der öffentlichen Wahrnehmung weitgehend als ein Feilschen nationaler Akteure um einen Ausgleich nationaler Interessen verstanden wird.

Die Maler am Schreckensgemälde vom europäischen Superstaat, in dem die Bundesrepublik "auf den Status eines Bundeslandes" (Grimm) zurücksinken würde, operieren gewöhnlich auch mit der ausgesprochenen oder unausgesprochenen Unterstellung, daß es den Anhängern eines föderal verfaßten Europa darum gehe, das Europäische Parlament an die Stelle des Rates zu setzen und zum dominierenden Entscheidungsorgan zu machen. So schreibt etwa die thüringische Ministerin für Bundes- und Europaangelegenheiten Lieberknecht:

> "Wenn wir Begriffe ernst nehmen, müssen wir unseren Wählern auch sagen, was ein europäischer Bundesstaat wäre: Ein Staat, der sich von einem einheitlichen europäischen Staatsvolk her legitimiert und nicht mehr von den Mitgliedstaaten. Er würde sich durch die Wahl eines Parlamentes bilden, in dem jede Stimme gleiches Gewicht hat - jedenfalls, wenn die Maßstäbe europäischer Demokratie angelegt werden. Die Subsidiarität und föderale Bekenntnisse könnten nichts daran ändern, daß er letztlich über die Kompetenzen entscheidet und den Schwerpunkt staatlichen Handelns an sich ziehen würde. Die Mitgliedstaaten verlören ihre Autonomie."[10]

---

[10] In "Europa im Blickfeld" vom 8.9.93.

Der Bundesstaat, den Lieberknecht hier beschreibt, müßte wohl eher als "verkappter Einheitsstaat"[11] bezeichnet werden. Aber der wird nicht einmal im Europäischen Parlament gefordert, wo man womöglich seine Anhänger vermuten könnte. Mit Blick auf die Verhandlungen von Maastricht haben die Abgeordneten vielmehr die "Anerkennung einer doppelten Legitimität der Gemeinschaft" gefordert. Das Parlament soll also den Rat nicht verdrängen oder ersetzen. Gefordert wird vielmehr "die gleichberechtigte und gleichgewichtige Mitwirkung von Parlament und Rat in der Gesetzgebung, wobei ein Mechanismus der Konfliktlösung zwischen beiden Organen vorzusehen ist, der sie zur gleichberechtigten Zusammenarbeit zwingt."[12]

Dies wurde im Zusammenhang mit der Diskussion um eine Verfassungentwurf für die Europäische Union im Europäischen Parlament noch einmal bekräftigt. Es geht also um nichts mehr, aber auch um nichts weniger als die Herstellung einer föderalen Balance zwischen Gemeinschaft und Mitgliedstaaten. Diese föderale Balance muß nicht zwangsläufig so ausgestaltet sein wie im Grundgesetz und in der bundesdeutschen politischen Praxis in den letzten 45 Jahren. Das ist offenbar das fundamentale Mißverständnis in den jüngsten bundesdeutschen Debatten um die Zukunft der Europäischen Union. Fast alle Kritiker[13] der europäischen Integration unterstellen oder knüpfen an die Unterstellung an, daß ein europäischer Bundesstaat in seiner institutionellen Struktur und in der Kompetenzzuweisung ungefähr so aussehen würde wie der Bundesstaat Bundesrepublik Deutschland. So wird ein Popanz aufgebaut, der dann sogleich als Schreckensvision verworfen werden kann.

Dieses Argumentationsmuster ist entlarvend für seine Verfechter, denn es ist eine Denkfigur von höchster Ambivalenz. Zum einen bringt sie ein hohes Maß an Überheblichkeit zum Ausdruck, wenn zumindest implizit unterstellt wird, daß ein europäischer Bundesstaat nur so aussehen kann wie der deutsche Bundesstaat. Zum anderen vermittelt sie den Eindruck, daß die Deutschen mit ihrem sonst so gern als mustergültig gelobten Bundesstaat gar nicht zufrieden sind. Denn was spräche sonst dagegen, ihn auf die europäische Ebene zu übertragen? Doch allenfalls das Argument, daß er etwas Einmaliges ist, was nur den Deutschen (und ihnen allein) gelingen kann. Womit wir wieder beim Stichwort Überheblichkeit wären.

---

[11] Siehe das gleichnamige Buch von *Abromeit* (1992).

[12] *EP* (1991), 33.

[13] So auch Bayerns Ministerpräsident Edmund Stoiber mit seiner Absage an den Bundesstaat Europa in seinem Interview in der Süddeutschen Zeitung vom 2.11.93.

11. Erweitern und vertiefen: Ohne Verfassung ist kein Staat zu machen

Erweiterung und Vertiefung? Erweiterung oder Vertiefung? Erweiterung statt Vertiefung? Vertiefung statt Erweiterung? Vertiefung vor Erweiterung? Erweiterung vor Vertiefung? Vertiefung durch Erweiterung? - Es gibt eine Menge Möglichkeiten, die beiden Schlüsselbegriffe in der Diskussion um die Zukunft der Europäischen Union zueinander in Beziehung zu setzen. Dabei geht es nicht um die Freude am Wortspiel, sondern um die möglichst treffende Beschreibung des Zusammenhangs, dem niemand ausweichen kann, der in den kommenden Jahren die europäische Integration weiter voranbringen will. Der Prozeß der Erweiterung der Union ist bereits im Gang[1], aber wie mit den sich daraus ergebenden Folgen für die Arbeitsfähigkeit ihrer Institutionen und für die Arbeitsteilung zwischen Mitgliedstaaten und Union umzugehen ist, bleibt höchst umstritten.

Dieser Streit macht auch vor dem Europäischen Parlament nicht halt, und er läßt sich am besten illustrieren am Werdegang und an den Diskussionen über den "Bericht über die Gestaltung und die Strategie der Europäischen Union im Hinblick auf ihre Erweiterung und die Schaffung einer gesamteuropäischen Ordnung".[2] Der Bericht wurde von Klaus Hänsch, dem stellvertretenden Vorsitzenden der SPE-Fraktion, erarbeitet. Hänsch wurde im Dezember 1990 vom Institutionellen Ausschuß des Parlaments mit dieser Aufgabe betraut, die Diskussionen über seinen Berichtsentwurf im Ausschuß dauerten mehr als ein Jahr, bis Mai 1992.

---

[1] An erster Stelle kommen hier Österreich, Schweden, Finnland und Norwegen. Das Beitrittsverfahren für die Schweiz ruht nach dem negativen Ausgang des Referendums über den Beitritt zum Europäischen Wirtschaftsraum, die Schweizer Bundesregierung hat aber den Antrag nicht zurückgezogen. Weitere Beitrittsanträge haben Malta, Cypern und die Türkei gestellt. Der Antrag der Türkei wurde 1989 von der Europäischen Kommission negativ beschieden, aber die Möglichkeit eines späteren Beitritts nicht grundsätzlich verworfen. Schließlich ist in den sogenannten Europa-Abkommen der Gemeinschaft mit Polen, der Slowakei, der tschechischen Republik und Ungarn der Wunsch dieser Staaten auf Beitritt festgehalten, auch wenn sie bisher keinen förmlichen Antrag gestellt haben. Einzelheiten bei *Collinson/Miall/Michalski* (1993).

[2] Sitzungsdokument Nr. A3-O189/92 vom 21.5.92.

Die vom Ausschuß schließlich (mit 16 Stimmen bei 6 Gegenstimmen und 4 Enthaltungen) verabschiedete Fassung lag dann noch über ein halbes Jahr auf Eis, bevor sie im Januar 1993 auf die Tagesordnung des Plenums gesetzt wurde. Dort war der Bericht Anlaß für eine kontroverse Debatte. In der Endabstimmung votierten 204 Abgeordnete für und 86 gegen eine zuvor noch in etlichen Punkten veränderte Fassung, 36 enthielten sich.[3] Gegenstimmen und Enthaltungen kamen vor allem von den Liberalen, der Koalition der Linken und den Grünen, aber auch etliche Abgeordnete aus kleineren Mitgliedstaaten stimmten dagegen.

Die Kontroverse, die er auslöste, spricht für die Qualität des Berichts, der mögliche Probleme nicht verschleiert, sondern benennt. Hänsch erklärt eine Erweiterung der Union um weitere Staaten zwar für wünschenswert, betont aber gleichzeitig, daß es weder möglich noch erforderlich sei, daß alle europäischen Staaten künftig in einer Union zusammengeschlossen sind:

> "Eine Großorganisation völkerrechtlicher Art, die alle europäischen und mit den Lebensinteressen Europas verbundenen Staaten umfaßt, würde den Willen zur Zusammenarbeit, die Bereitschaft zur gegenseitigen Solidarität und die Fähigkeit zum Aufbau demokratischer und effektiver Organisationsstrukturen überfordern. Zusammenarbeit und Interessenverflechtung in Europa müssen rasch und effizient, pragmatisch und flexibel organisiert werden. Die Union sollte daher statt einer umfassenden gesamteuropäischen Konföderation ein 'System Konföderaler Zusammenarbeit in Europa' entwickeln."[4]

In diesem System konföderaler Zusammenarbeit soll es nach den Vorstellungen Hänschs eine Reihe organisatorisch selbständiger funktionaler Aufgabenkonföderationen (z.B. für Umweltschutz, Verkehrs- und Energiefragen) geben, in denen die Europäische Union auf der einen Seite zwar immer als Partner vertreten ist, aber auf der anderen Seite nicht alle anderen europäischen Staaten in ihrer Gesamtheit, sondern je nach Aufgabenstellung unterschiedlich viele in wechselnder Zusammensetzung. Zudem empfiehlt Hänsch die Möglichkeiten der Assoziierung an die Europäische Union auszuschöpfen - etwa nach dem Modell des Europäischen Wirtschaftsraums, für die Länder, die nur eine Ankoppelung an den EG-Binnenmarkt wünschen, aber alternativ auch für eine Ankoppelung an die Außen- und Sicherheitspolitik oder an die Zusammenarbeit in den Bereichen Innenpolitik und Justiz für Länder, die die ökonomischen Voraussetzungen für eine Vollmitgliedschaft noch nicht erfüllen.

---

[3] Siehe Amtsblatt der Europäischen Gemeinschaften Nr. C42/78 vom 15.2.93.

[4] Sitzungsdokument A3-0189/92, 24.

Auch hier würde gelten, daß Partner auf der einen Seite immer die Europäische Union wäre. Sie würde sozusagen zum harten Kern, an den sich die übrigen Staaten Europas in unterschiedlichen Formen und Konstellationen anlagern. Das Dilemma dabei ist, daß ein solches Konzept leicht als Aufteilung Europas in Staaten 1. Klasse (= Mitglieder der Europäischen Union) und 2. Klasse (= alle übrigen) interpretiert werden kann.

Bestechend an dem Konzept ist andererseits, daß es einen Weg aufzeigt, auf die neuen Herausforderungen in Europa zu reagieren, ohne dabei das bisher mit der Europäischen Union Erreichte aufs Spiel zu setzen, wie es im Rahmen des vielzitierten "Europa mit variabler Geometrie" oder des "Europa à la carte"[5] zu befürchten wäre. Hänsch löst zudem den immer wieder diskutierten Widerspruch zwischen einem konföderal und einem föderal organisierten Europa, indem er ein konföderales Europa (= System konföderaler Zusammenarbeit) um ein föderal organisiertes Europa (= Weiterentwicklung der um einige neue Mitgliedstaaten erweiterten Europäischen Union) herum entstehen lassen will.

Diese Konstruktion wurde zwar von dem einen oder anderen Abgeordneten kritisiert. So erklärte zum Beispiel die frühere Präsidentin des Europäischen Parlaments, die französische Liberale Simone Veil:

> "Ich meine, es ist ein Irrtum, an eine derartige große Konföderation zu denken. Das ist etwas sehr Kompliziertes, sehr Schwerfälliges. Für mich ist das ein wirkliches Monstrum zu einem Zeitpunkt, zu dem wir ganz im Gegenteil versuchen müssen, die neue Architektur Europas zu vereinfachen."[6]

Im Mittelpunkt der Debatte stand aber nicht so sehr die von Hänsch vorgeschlagene europäische Gesamtarchitektur. Kontroversen lösten vor allem die Vorschläge aus, mit denen Hänsch die Europäische Union auch nach den demnächst anstehenden Erweiterungen handlungs- und funktionsfähig halten will. Im Mittelpunkt stand die Frage, wie die Gewichte in der Europäischen Union verschoben werden und wie die Union ihre Arbeitsweise modifizieren muß, um handlungs- und arbeitsfähig zu bleiben. Geht man nach den Reaktionen der Abgeordneten, dann war der sensibelste Punkt ohne Zweifel der künftige Stellenwert der Sprachen in der Europäischen Union. Hänsch hatte an diesem Punkt die Grenzen aufgezeigt, die einer Beibehaltung der bisherigen Verfahrensweise gesetzt sind:

---

[5] Zu den Tücken dieser Konzepte siehe die Überlegungen von *Wessels* (1993).

[6] Verhandlungen des EP, Nr. 3-426/222/3 vom 20.1.93.

"Zur Zeit wird in den jährlich rund 10000 Sitzungen der Gemeinschaftsorgane in die neun Amtssprachen gedolmetscht. Neun Sprachen ergeben 72 Kombinationen beim Dolmetschen. Das erfordert für jede einzelne Sitzung 27 Dolmetscher. Berechnungen für 13 Sprachen ergeben 156 mögliche Kombinationen. Dafür müßten 42 Dolmetscher pro Sitzung eingesetzt werden. Sechzehn Sprachen ergeben 240 mögliche Kombinationen. Das würde für eine Sitzung eines einzigen Ausschusses 54 Dolmetscher erfordern. Die Verwendung aller Amtssprachen in einer erweiterten Union als vollgültige Arbeitssprachen ist selbst bei bestem Willen und der Bereitschaft, hohe Kosten zu tragen, nicht mehr zu organisieren.(...) Die erweiterte Union wird durch ihre Politik das Schicksal von mehr als 350 Millionen Menschen unmittelbar mitbestimmen. Ihre Politik und ihre Gesetze müssen konkret erlebbar und nachvollziehbar bleiben. Rechtssicherheit, demokratische Mitwirkung und Kontrolle gebieten es, daß die offizielle Sprache jedes Mitgliedstaates auch Amtssprache der Union wird. Jeder Bürger und jeder direkt gewählte Abgeordnete muß also das Recht haben, in der Sprache seines Landes gehört zu werden. Für den internen Gebrauch der Sprachen in den Organen (Institutionen) der Union müssen allerdings neue und flexiblere Lösungen gefunden werden. (...) Für die Kommission können z. B. eine oder zwei, für den Rat drei oder vier und für das Parlament vier und mehr Arbeitssprachen festgelegt werden. Auch über den aktiven und passiven Gebrauch der Verdolmetschung usw. sind unterschiedliche Regelungen denkbar."[7]

Damit nahm Hänsch ein Konzept auf, das zwischen aktiver und passiver Mehrsprachigkeit trennt und differenziert. Danach müßte jeder Abgeordnete auch künftig das Recht haben, in seiner Landessprache das Wort zu ergreifen. Gedolmetscht würde das Gesagte aber nicht in alle übrigen Sprachen, sondern nur in eine begrenzte Zahl von Sprachen.

Die aktive Mehrsprachigkeit wäre also künftig größer als die passive Mehrsprachigkeit. Dieser Vorschlag stieß auf wütende Ablehnung bei vielen Abgeordneten aus kleineren Mitgliedstaaten der Union - quer über die Parteigrenzen hinweg. Stellvertretend für viele sei hier die dänische Abgeordnete Ulla Sandbaek von der Regenbogen-Fraktion zitiert:

"Daß man sich in seiner eigenen Sprache ausdrücken kann, aber das, was andere sagen, nicht in die eigene Sprache übersetzt bekommt, ist ein absurder Einfall. So etwas kann nur im Gehirn von Menschen entstehen, die nur das für wichtig halten, was sie selber sagen, und es nicht der Mühe wert finden, anderen zuzuhören. Man hat sich doch nicht etwa vorgestellt, Kandidaten vom Amt des Euro-Parlamentariers auszuschließen, weil es ihnen an Sprachkenntnissen mangelt? Politik ist doch kein Monolog, selbst wenn es oft danach klingt. (...) Es ist auch gänzlich unzulässig, daß Abgeordnete des Parlaments, deren Muttersprache einer der vier Hauptsprachen ist, imstande sein sollen zu verstehen, worum sich die Debatten im Parlament drehen, während solche, die aus kleinen Ländern kommen, nur aus sprachlichen Gründen von der Teilnahme an Beschlüssen ausgeschlossen werden."[8]

---

[7] Sitzungsdokument A3-0189/92, 20.

[8] Verhandlungen des EP, Nr. 3-426/222 vom 20.1.93.

Vor der Schlußabstimmung wurde das Thema Sprache schließlich dadurch entschärft, daß die ausdrückliche Forderung nach einer Beschränkung der Zahl der Arbeitssprachen aus der Entschließung zum Hänsch-Bericht gestrichen wurde. Die Sprachen-Frage ließ auch deshalb die Emotionen so hochgehen, weil es hier für das Parlament mehr als für alle anderen europäischen Institutionen ans Eingemachte seiner bisherigen Arbeitsprinzipien geht.

Dies macht das Thema noch heikler als die von Hänsch ebenfalls aufgeworfene Frage nach der Repräsentativität des Europäischen Parlaments, in dem die Stimme eines irischen oder dänischen Wählers zur Zeit mehr als doppelt soviel Gewicht hat wie die Stimme eines italienischen oder französischen Wählers, weil die 54 Millionen Menschen in den sieben kleineren und mittleren Mitgliedstaaten durch 134 Abgeordnete vertreten sind, die 290 Millionen Menschen in den fünf großen Mitgliedstaaten aber nur mit 384 Abgeordneten.

Hier wird durch eine Erweiterung der Union bei Beibehaltung des bisherigen Systems die überproportionale Repräsentanz der kleinen Mitgliedstaaten weiter wachsen. Aber es wird kein dramatisches Umkippen der Mehrheitsverhältnisse zugunsten der kleineren Mitgliedstaaten geben. Und auch die Zahl der Abgeordneten wird zumindest mit der nächsten Beitrittsrunde (für Schweden sind 21, für Österreich 20, für Finnland 16 und für Norwegen 15 Sitze vorgeschlagen) nicht so stark ansteigen, daß dadurch die Arbeitsfähigkeit des Parlaments dramatisch gefährdet wäre.

Berücksichtigt man die ohnehin für 1994 geplante Erhöhung der Abgeordnetenzahl auf 567, so käme man mit den vier neuen Mitgliedsländern auf insgesamt 639 Abgeordnete, das Europäische Parlament wäre dann immer noch kleiner als der gegenwärtige Bundestag mit seinen 662 Abgeordneten.

Im Vergleich dazu sind die Gewichtsverschiebungen im Rat der Europäischen Union durch die anstehenden Erweiterungen wesentlich größer, die Frage nach seiner künftigen Arbeitsfähigkeit stellt sich dort künftig womöglich in beinahe dramatischer Form. Hänsch hatte auch hier sehr deutlich die drohenden Risiken für das künftige Funktionieren der Institutionen benannt:

"Wird das gegenwärtige Rotationssystem bei der Präsidentschaft des Rates auch noch mit 15 Mitgliedern eingehalten, wird es 7 1/2 Jahre dauern, bis eine nationale Administration die Präsidentschaft im Rat wieder übernimmt. In dieser Zeit verliert sie zwangsläufig die dafür notwendigen Kenntnisse und Erfahrungen. Das gilt insbesondere für kleinere nationale Administrationen (...). Einer erweiterten Union stellen sich auch bei der Gesetzgebung zusätzliche bzw. verschärfte organisatorische Probleme. Ein Detail wirft ein Licht auf die erforderlichen Reformen: Wenn der Rat z. B. eine wichtige grundsätzliche Frage, etwa den Anfang eines Gesetzgebungsaktes, berät und 17 Mitgliedstaaten sowie die Kommission jeweils ein nur zehnminütiges Eingangsstatement zur Beschreibung ihres Standpunktes abgeben, nimmt dies bereits drei Stunden Beratungszeit in Anspruch. (...) Bisher wurde zu Recht durch die Stimmengewichtung im Rat eine Dominanz der großen Mitgliedstaaten vermieden. Dieses Problem stellt sich in einer erweiterten Union, der nur noch kleine und eher kleine Staaten beitreten werden, nicht mehr in der gleichen Weise. Künftig muß vielmehr vermieden werden, daß diese Staaten allzu leicht die Sperrminorität im Rat erreichen können."[9]

Ursprünglich hatte Hänsch ein radikale Reform der Arbeitsweise des Rates vorgeschlagen. Ihr Kernpunkt: In einer erweiterten Union sollte die Ratspräsidentschaft nicht mehr im Halbjahresrythmus zwischen allen Mitgliedstaaten rotieren, sondern im jährlichen Wechsel von einem der fünf großen Mitgliedstaaten (Deutschland, Frankreich, Großbritannien, Italien, Spanien) wahrgenommen werden. Aus den übrigen Mitgliedstaaten wären dann jeweils die beiden stellvertretenden Ratspräsidenten zu benennen.[10] Nur so sei die notwendige außenpolitische Handlungsfähigkeit der Union zu erreichen. Auch mit diesem Vorschlag stieß Hänsch auf solchen Widerstand insbesondere bei Abgeordneten aus den kleineren Mitgliedstaaten, daß er diese Forderung schon im Vorfeld der Plenarberatungen fallenließ. Als Alternative schlug er dann vor, die außenpolitischen Befugnisse des Rates auf die Festlegung von Leitlinien und Grundsatzbeschlüssen sowie auf repräsentative Aufgaben zu beschränken und Planung und Durchführung der Gemeinsamen Außen- und Sicherheitspolitik der Union auf die Europäische Kommission zu übertragen. Auch dieser Lösungsansatz wurde in dem abschließenden Beschluß des Parlaments dann mit einem Formelkompromiß verwässert. Die Frage nach der künftigen Gewichtung der Stimmen im Rat[11], also den anderen, ebenso heiklen Punkt bei einer Reform des Rates, hatte Hänsch von vorneherein nur erwähnt, ohne dazu in seinem Bericht schon konkrete Vorschläge zu machen.

---

[9] Sitzungsdokument A3-0189/92, 17/18.

[10] Siehe dazu Agence Europe Nr. 5634 vom 20.12.91.

[11] Gegenwärtig sieht die Stimmgewichtung im Rat folgendermaßen aus: Deutschland, Frankreich, Großbritannien und Italien jeweils zehn Stimmen, Spanien acht Stimmen, Belgien, Griechenland, Niederlande, Portugal jeweils fünf Stimmen, Dänemark und Irland jeweils drei Stimmen, Luxemburg zwei Stimmen). Ein Beschluß, für den eine qualifizierte Mehrheit verlangt ist, kommt dann mit mindestens 54 von 76 Stimmen zustande. Die Verteilung der Stimmen begünstigt die mittleren und kleineren Mitgliedstaaten. Andererseits können zwei große Mitgliedstaaten gemeinsam mit nur einem kleineren (außer Luxemburg) qualifizierte Beschlüsse verhindern. Nach einem Beschluß der Staats- und Regierungschefs der Zwölf im Dezember 1993 in Brüssel sollen bei der anstehenden Erweiterung Österreich und Schweden jeweils vier und Norwegen und Finnland jeweils drei Stimmen erhalten. Die Stimmwägung für die anderen Mitgliedstaaten bleibt unverändert. Die Frage der Stimmwägung soll im Zuge der für 1996 vorgesehenen Revision der Maastrichter Verträge überprüft werden.

In der Folge gab es eine ganz Reihe solcher Vorschläge, von denen insbesondere ein Konzept des außenpolitischen Sprechers der CDU/CSU-Bundestagsfraktion, Karl Lamers, auf viel Aufmerksamkeit stieß. Lamers schrieb:

"Im Ministerrat müßte die heutige Stimmengewichtung durch eine Regelung der doppelten Majorität ersetzt werden, d. h. eine Mehrheit der Staaten und eine Mehrheit der Bevölkerung, die diese Staaten vertreten. Dies bedeutete einerseits eine beträchtliche Garantie für die kleinen und mittelgroßen Länder, andererseits wäre es auch nicht möglich, daß eine Minderheit (der Bevölkerung) der Mehrheit eine Gemeinschaftsordnung aufzwänge. Die Einstimmigkeitsregel im Ministerrat sollte durch eine supraqualifizierte Mehrheit ersetzt werden, die aus der Übereinstimmung von Vierfünftel oder Dreiviertel der Mitgliedstaaten, die Vierfünftel oder Dreiviertel der Bevölkerung repräsentieren, bestünde. Dabei muß zugleich sichergestellt werden, daß kein Mitglied der Gemeinschaft eine Sperrminorität innehaben darf.[12]

Damit griff Lamers Vorschläge auf, die in ähnlicher Form der französische Europaabgeordnete Jean-Louis Bourlanges (EVP) im Sommer 1993 gemacht hatte[13]. Neben einer Reform der Mehrheitsregeln und dem Ersatz des Einstimmigkeitsprinzips durch eine superqualifizierte Mehrheit hatte Bourlanges eine Verkleinerung der Europäische Kommission und eine Stärkung der Rolle des Kommissionspräsidenten vorgeschlagen. Außerdem machte er einen Vorschlag zum oben bereits diskutierten Problem, wie künftig der Vorsitz im Rat zu regeln ist. Statt eines starren Automatismus empfahl er, die Präsidentschaft im Rat künftig von Fall zu Fall mit superqualifizierter Mehrheit im Rat zu beschliessen, also in der Praxis: einen Ratspräsidenten zu wählen. Dies sei besser als etwa ein System des ständigen Wechsels zwischen "großen" und "kleinen" Mitgliedstaaten oder die Übernahme des Vorsitzes im Rat durch den Kommissionspräsidenten oder die jeweils für die einzelnen Fachgebiete zuständigen Kommissare.[14]

---

[12] Pressedienst der CDU/CSU-Fraktion im Deutschen Bundestag, Nr. 7428 vom 9.9.93.

[13] Siehe Agence Europe Nr. 6012 vom 1.7.93. Vergleiche auch die Stellungnahme des Institutionellen Ausschusses des Europäischen Parlaments zum Beitrittsantrag Österreichs vom 3.11.93 (Berichterstatter: Jean-Louis Bourlanges), Dokument PE 205.276/endg.

[14] Beschlossen wurde auf dem Gipfel der Staats- und Regierungschefs im Dezember 1993 in Brüssel folgende Regelung, die ab Inkrafttreten der Beitrittsverträge mit Finnland, Norwegen, Österreich und Schweden gelten soll: "Der Vorsitz im Rat wird von den Mitgliedstaaten nacheinander für je sechs Monate wahrgenommen, und zwar in einer vom Rat einstimmig festgelegten Reihenfolge." Diese Reihenfolge wurde von 1995 an bis ins Jahr 2003 folgendermaßen festgelegt: erstes Halbjahr 1995 Frankreich, zweites Halbjahr 1995 Spanien, dann in den folgenden Halbjahren: Italien, Irland, Niederlande, Luxemburg, Großbritannien, Österreich, Norwegen, Deutschland, Finnland, Portugal, Frankreich, Schweden, Belgien, Spanien, Dänemark, Griechenland.

All diese Vorschläge stehen in der Perspektive der in Maastricht für 1996 vereinbarten Revision der Unions- und Gemeinschaftsverträge und gingen zum Teil in die Diskussion um eine Verfassung für die Europäische Union ein, die vom Institutionellen Ausschuß des Europäischen Parlaments angestoßen wurde. Grundlage dafür war ein Entwurf[15] des spanischen Abgeordneten Marcelino Oreja Aguirre (EVP), der nach dessen Ausscheiden aus dem Parlament von dem Belgier Fernand Herman (ebenfalls EVP) überarbeitet wurde.

Der Verfassungsentwurf ist ein übersichtliches, klar und verständlich formuliertes Dokument, das Grundsätze, Zielsetzung und Selbstverständnis der Europäischen Union beschreibt. Auf eine Konkretisierung der Unionspolitik in Sachfragen wird dabei bewußt verzichtet. Der Verfassungsentwurf enthält dagegen einen Menschenskatalog, formuliert die grundlegenden Rechte der Unionsbürger, regelt das Zusammenspiel der Institutionen und die Abgrenzung der Zuständigkeiten zwischen Union und Mitgliedstaaten (nach dem Subsidiaritätsprinzip). In einem Arbeitsdokument für den Institutionellen Ausschuß hat Fernand Herman die Frage "Warum eine Verfassung an Stelle eines Vertrages?" folgendermaßen beantwortet:

> "In der Regel ist ein Vertrag ein Abkommen zwischen souveränen Staaten, die weiterhin souverän bleiben (...) Die Bürger dieser Staaten werden nicht unmittelbar davon berührt; ihnen erwachsen daraus weder unmittelbare Rechte noch Verpflichtungen. (...) Mit der Unterzeichnung der Römischen Verträge haben die Mitgliedstaaten dagegen ausdrücklich eine Rechtsgemeinschaft ins Leben gerufen, die mit eigenen voneinander unabhängigen Organen ausgestattet ist, und die in der Lage ist, Rechtsnormen zu schaffen, denen sie sich unterwerfen und die auf ihre Bürger unmittelbare Anwendung finden. (...) Wenn das Parlament die Annahme einer Verfassung fordert, die nach und nach die Verträge ersetzn würde, so tut es nichts anderes als das Vokabular den Tatsachen und die Texte den Realitäten anzupassen. Es schafft Klarheit und zeigt die tatsächlichen Verhältnisse auf, indem es die Fiktion einer weiterhin unberührten Souveränität der Mitgliedstaaten sowie der Zweideutigkeit ein Ende setzt, die es den nationalen Regierungen erlaubt, sich die Verdienste der Gemeinschaftsaktionen, falls diese Gefallen finden oder Erfolg haben; selbst zuzuschreiben, und die Verantwortung für ihr Scheitern Brüssel zuzuschieben." [16]

Die Frage, warum das Europäische Parlament jetzt erneut eine Verfassungsdiskussion begonnen hat, beantwortet Herman mit einem ganzen Bündel von Überlegungen, zum Teil kurzfristig-tagespolitischer Art, zum Teil aber auch ganz grundsätzlicher Natur. Die Überlegungen Hermans im einzeln:

---

[15] Institutioneller Ausschuß: "Entwurf eines Arbeitsdokuments zu der Verfassung der Europäischen Union" vom 3.2.93, PE 203.601.

[16] Institutioneller Ausschuß: "Arbeitsdokument über die Verfassung der Europäischen Union" vom 15.9.93, PE 203.601B, S. 3/4.

- Die Maastricht-Debatte hat eine tiefe Unzufriedenheit mit den europäischen Institutionen zum Ausdruck gebracht. Das Europäische Parlament muß darauf reagieren und eine Alternative auf den Tisch legen, die klar und einfach ist und politische und rechtliche Grundsätze formuliert, die für alle verständlich sind. Dies ist umso wichtiger mit Blick auf den Europawahlkampf 1994.

- Herman erinnerte daran, daß auch der erste Verfassungentwurf[17] des Parlaments in der ersten Hälfte der 80er Jahre in einer Situation diskutiert wurde, die von Stagnation und Krisenstimmung gekennzeichnet war. Die Verfassungsdiskussion damals gab mit den Anstoß dazu, die Europäische Gemeinmeinschaft (mit der Einheitlichen Europäischen Akte von 1987) zu reformieren und den Integrationsprozeß wieder in Gang zu bringen, auch wenn die Vorschläge des Parlaments seinerzeit nur in Bruchstücken verwirklicht werden konnten.

- Eine Verfassung für die Europäische Union soll den Zusammenhalt ihrer Mitglieder stärken und sie in eine Föderation von Staaten verwandeln, die mit einer Stimme sprechen und gemeinsam handeln können. Nur so ist die Europäische Union den neuen Herausforderungen nach dem Ende des Kalte Krieges und der Konfrontation der Blöcke gewachsen.

Die Schlüsselfrage der Diskussion ist wohl, welches Konzept zur Aufteilung der Befugnisse zwischen Union und Mitgliedstaaten dem Verfassungsentwurf zugrundeliegen soll. Hier unterscheidet Berichterstatter Herman vier denkbare Modelle: zum einen das zwischenstaatliche Modell (Konföderation) und auf der anderen Seite das föderalistische Modell in drei Spielarten.

Grundlage des *zwischenstaatlichen Modells* ist die Wahrung der Souveränität der Mitgliedstaaten, die beschließen, ihre Souveränitätsrechte in bestimmten, eindeutig umrissenen Bereichen gemeinsam wahrzunehmen. In diesem System verbleibt die letztliche Entscheidung immer bei den nationalen Regierungen, da sie im Besitz der demokratischen Legitimation sind, die nur von einem direkt gewählten nationalen Parlament verliehen werden kann. Überträgt man dieses Prinzip auf die europäischen Institutionen, wird der Europäische Rat zum obersten Entscheidungsorgan der Gemeinschaft, da er einstimmig beschliesst, verbleibt dem Europäischen Parlament lediglich eine Rolle als Forum für öffentliche Debatten und die Europäische Kommission wird zu einem Expertengremium mit schwachem Profil.

---

[17] Verabschiedet am 14.2.84 als "Entwurfs eines Vertrages zur Gründung der Europäischen Union", dokumentiert bei *(Weidenfeld)* 1991, 354 - 385.

Im *föderalistischen Modell in Reinform* würde die Kommission zur Föderalregierung, deren Präsident vom Europäischen Parlament benannt würde; die von ihm gebildete Regierung würde anschließend vom Europäischen Parlament in ihr Amt eingesetzt. Die Rolle des Rates würde auf einen Senat der Staaten beschränkt, und das Parlament würde direkt von den Bürgern im Verhältnis zur Bevölkerungszahl gewählt, was den großen Ländern einen Vorteil verschaffen würde. Im Gegenzug wären die Mitgliedstaaten im Senat gleichberechtigt vertreten.

Im *föderalistischen Modell auf der Grundlage der Regionen* wären die Regionen das grundlegende Element der institutionellen Struktur. Die konsequente Anwendung des Subsidiaritätsprinzips würde den Regionen ein Höchstmaß an Zuständigkeiten sichern. Der Rat der Regionen würde zum wichtigsten Entscheidungszentrum auf Kosten des Ministerrats, dessen Bedeutung schrittweis verringert würde. In diesem Modell verfügt der Rat der Regionen über ein Recht der Mitentscheidung gemeinsam mit dem Europäischen Parlament.

Das *föderalistische Modell mit kooperativer und dezentralisierter Struktur* stützt sich auf eine zweifache demokratische Legitimation: die Legitimation durch die Bürger und die Legitimation durch die Staaten. Bei diesem Modell sind die Staaten und die Gemeinschaft in alle Stufen der Beschlußfassung eingebunden (Zusammenarbeit), doch die Ausführung dieser Beschlüsse wird in erster Linie den Mitgliedstaaten überlassen (Dezentralisierung). Die gemeinsame Beschlußfassung erstreckt sich auf alle Bereiche: Gesetze, Haushalt, Ernennungen, Verträge mit Drittstaaten. Der gleichberechtigte Status von Rat und Parlament kann für alle Rechtsakte Gültigkeit haben. Denkbar wäre aber auch, daß in bestimmten Entscheidungsbereichen der Rat das letzte Wort hat und in anderen das Parlament.

Der Verfassungsentwurf orientiert sich an diesem zuletzt genannten Modell. Nach einer lebhaft geführten Debatte im Plenum des Europäischen Parlaments im Februar 1994 wurde beschlossen, das im Juni neuzuwählende Parlament mit der Fortsetzung der Arbeiten an dem Verfassungsentwurf zu betrauen.

Vor Einberufung der für 1996 vorgesehenen Regierungskonferenz soll ein *Europäischer Verfassungskonvent* aus Abgeordneten des Europäischen Parlaments und aus den nationalen Parlamenten zusammentreten, Leitlinien für eine Unionsverfassung aufstellen und dem Europäischen Parlament den Auftrag zur Ausarbeitung des endgültigen Verfassungstextes erteilen.

12. Maastricht als Demokratie-Hebel: Wie wählt man eine europäische Regierung?

Der Vertrag von Maastricht ist in Kraft, aber die Hoffnungen, die sich mit ihm verknüpften, scheinen auf dem qualvoll langen Weg der Ratifizierung bei vielen verlorengegangen zu sein. Hinter die geplante Währungsunion werden Fragezeichen gesetzt. Und die, die Fortschritte auf dem Weg zur Politischen Union wollen, haben bereits 1996 im Auge, wenn die Revision des Maastrichter Vertrages ansteht.

Dabei wird übersehen, daß das Maastrichter Vertragswerk bereits in seiner heutigen Form den Weg zu einer tiefgreifenden Parlamentarisierung und damit Demokratisierung der Europäischen Union öffnet. Ob diese Chance genutzt wird, hängt vom politischen Willen der 518 Abgeordneten im Europäischen Parlament ab. Sie haben es jetzt weitgehend selbst in der Hand, ihre Straßburger Versammlung in eine Schlüsselposition im Entscheidungsgefüge der Union zu rücken und ein politisches Gewicht zu erlangen, das dem des bisher übermächtig erscheinenden Rates der Europäischen Union entspricht.

Den Hebel hierzu bietet ihnen Artikel 158 des neuen EG-Vertrages. Dieser Artikel regelt die Ernennung der Europäischen Kommission. Das zur Zeit 17 Mitglieder zählende Kollegium mit dem Franzosen Jacques Delors an der Spitze ist als Institution ein für EG und Union so typischer Zwitter. Die einen betrachten die Kommission als europäische Regierung im embryonalen Zustand, die anderen verstehen sie als eine Art gehobenes Sekretariat zur Vorbereitung und Umsetzung der Entscheidungen des Ministerrats.

Für letzteres spricht, daß die Kommissare bisher von den Regierungen der Mitgliedstaaten im gegenseitigen Einvernehmen ernannt wurden. Die Staats- und Regierungschefs der Zwölf verständigten sich - ganz im Stil von Kurfürsten - untereinander auf einen Kommissionspräsidenten und dann besetzte jeder "seine" Sessel in der Kommission: die fünf großen Mitgliedstaaten jeweils zwei, die anderen sieben jeweils einen. Erst nach ihrer Ernennung stellten sich die Kommissare einem Vertrauensvotum des Parlaments, in der Praxis eine reine Formsache, die zudem nicht einmal vertraglich zwingend vorgeschrieben war.

Das soll sich nun ändern: Das Parlament ist künftig von Anfang an in das Auswahlverfahren eingeschaltet. Der dafür maßgebliche Absatz 2 des Artikel 158 im EG-Vertrag hat folgenden Wortlaut:

"Die Regierungen der Mitgliedstaaten benennen nach Anhörung des Europäischen Parlaments im gegenseitigen Einvernehmen die Persönlichkeit, die sie zum Kommissionspräsidenten zu ernennen beabsichtigen.

Die Regierungen der Mitgliedstaaten benennen in Konsultation mit dem benannten Präsidenten die übrigen Persönlichkeiten, die sie zu Mitgliedern der Kommission zu ernennen beabsichtigen.

Der Präsident und die übrigen Mitglieder der Kommission, die auf diese Weise benannt worden sind, stellen sich als Kollegium einem Zustimmungsvotum des Europäischen Parlaments. Nach Zustimmung des Europäischen Parlaments werden der Präsident und die übrigen Mitglieder der Kommission von den Regierungen der Mitgliedstaaten im gegenseitigen Einvernehmen ernannt."

Das liest sich - typisch für Maastricht - reichlich kompliziert und umständlich. Deshalb hilft an dieser Stelle zum besseren Verständnis vielleicht zunächst eine Analogie weiter. Übertrüge man diese Regelung auf die Wahl des Bundeskanzlers, dann würde dies bedeuten, daß der nicht mehr allein von einer Mehrheit im Bundestag gewählt werden könnte, sondern zusätzlich die Zustimmung aller Bundesländer im Bundesrat bräuchte. Entsprechend braucht der neue Kommissionspräsident eine Mehrheit im Europäischen Parlament und zugleich im Rat die Zustimmung der Regierungen *aller* Mitgliedstaaten der Europäischen Union.

Bei der Ernennung der Kommission herrscht künftig also juristisch betrachtet Waffengleichheit zwischen Parlament und Rat, die Kommission kann nicht mehr über die Köpfe der Abgeordneten hinweg ins Amt gelangen. Wichtig ist zudem, daß die Amtszeit der Kommission von vier auf fünf Jahre verlängert und mit der Wahlperiode des Europäischen Parlaments weitgehend synchronisiert wird.

Das Europäische Parlament wird am 12. Juni 1994 neu gewählt, die neue Europäische Kommission soll ihre Amtszeit laut EG-Vertrag am 7. Januar 1995 beginnen. Zwischen Neuwahl des Europäischen Parlaments und Amtsübernahme der neuen Europäischen Kommission liegt also ein halbes Jahr. Das Verfahren zur Ernennung der Kommission muß in diesem Zeitraum ablaufen und besteht aus mindestens 6 Stufen, wobei sich die Abfolge zwingend aus der Art und Weise ergibt, wie der oben bereits zitierte Absatz 2 des Artikel 158 formuliert ist:

1. Vorschlag/Vorschläge für den neuen Kommissionspräsidenten

2. Anhörung des Europäischen Parlaments durch die Regierungen der Mitgliedstaaten

3. Benennung des künftigen Kommissionspräsidenten durch die Mitgliedstaaten im gegenseitigen Einvernehmen

4. Benennung der übrigen Kommissionsmitglieder durch die Regierungen der Mitgliedstaaten in Konsultation mit dem benannten Präsidenten

5. Zustimmungsvotum des Europäischen Parlaments für Kommissionspräsidenten und Kommissionsmitglieder als Kollegium

6. Ernennung der Kommission durch die Regierungen der Mitgliedstaaten im gegenseitigen Einvernehmen

Bemerkenswerterweise läßt der EG-Vertrag offen, *wer* den Vorschlag für den neuen Kommissionspräsidenten macht, wer also das Verfahren zur Investitur der neuen EG-Kommission eröffnet. Gerade dies ist aber in einem Verfahren mit ansonsten weitgehender juristischer Waffengleichheit von entscheidender politischer Bedeutung.

Klar ist immerhin, daß ohne vorherige Zustimmung des Parlaments keine Kommission mehr in ihr Amt gelangen kann. Allerdings kommt es entscheidend darauf an, wie das Auswahlverfahren beginnt, wer also den neuen Kommissionspräsidenten vorschlägt. Diesen ersten Schritt regelt der Vertrag nicht, und genau das ist die Lücke, in die die Abgeordneten stoßen können. Wenn das Parlament seine Willen durchsetzen will, muß es dem Ministerrat mit einem Vorschlag für den neuen Kommissionspräsidenten zuvorkommen.

Der neue Artikel 158 garantiert, daß am Anfang des förmlichen Verfahrens dann eine Anhörung des Parlaments steht. Wenn das Parlament bis dahin mit Mehrheit einen Kandidaten für das Amt des Kommissionspräsidenten nominiert hat, dann können die Mitgliedstaaten zu diesem Kandidaten nur noch rein theoretisch nein sagen. Das gerade neugewählte Parlament schlägt - womöglich nach mehreren spannenden Abstimmungsrunden - einen ihm geeignet erscheinenden Kandidaten vor, und die Regierungen lehnen ihn dann ab?

Das käme einer offenen und zudem doppelten Verhöhnung demokratischer Wahlentscheidungen gleich. Umgekehrt gilt allerdings auch, daß das Parlament schwerlich einen Kandidaten ablehnen kann, auf den sich zuvor die zwölf Staats- und Regierungschefs verständigt haben. Eine solche Rebellion der Abgeordneten würde die Union in eine schwere Krise stürzen und ihre Glaubwürdigkeit insgesamt in Frage stellen.

Daher ist entscheidend, wer die Initiative ergreift. Tut das Parlament dies, kann es sogar noch einen Schritt weitergehen. Es kann seinem Kandidaten für das Amt des Kommissionspräsidenten auch gleich eine komplette Liste der übrigen Kommissionsmitglieder mit auf den Weg geben. Auch diese Kandidaten können die Mitgliedstaaten schwerlich ablehnen. Denn sie müssen damit rechnen, daß sie für andere Kandidaten das erforderliche Zustimmungsvotum des Parlaments nicht bekommen werden.

Ist eine nach den Vorstellungen des Parlaments zusammengestellte Europäische Kommission erst einmal im Amt, sind die Karten zwischen den Institutionen der Union neu gemischt, ohne daß an der in den Verträgen niedergelegten Kompetenzverteilung oder an den darin vorgesehenen Entscheidungsverfahren irgendetwas geändert worden wäre. Denn das politische Überleben der Kommission hängt dann entscheidend von der Unterstützung ab, die sie im Parlament findet. Laut Artikel 144 des EG-Vertrages ist der einzige Weg zur Ablösung der Kommission der erfolgreiche Mißtrauensantrag im Parlament. Das galt auch schon bisher, aber die Parlamentierer haben davon nie Gebrauch gemacht. Die gewöhnlich dafür zu hörende Begründung: Man müsse damit rechnen, daß der Ministerrat eine von den Abgeordneten gestürzte Kommission über deren Köpfe hinweg wieder in ihr Amt einsetzen würde. Nun kann er das nicht mehr, das Mißtrauensvotum wird damit unbestreitbar zum Druckmittel, auch wenn die erforderliche Zweidrittel-Mehrheit eine hohe Hürde bildet.

Das Parlament hat also die Möglichkeit, die Kommission aus der Nähe zum Ministerrat heraus an seine Seite zu bringen. Damit bekommt es entscheidenden Einfluß auf die künftige Agenda der Union, denn der EG-Vertrag gibt mit Artikel 189a der Kommission ein beinahe exklusives Vorschlagsrecht für EG-Richtlinien und -Verordnungen, also für die Ausgestaltung der Gemeinschaftspolitik. Der Ministerrat hat zwar das letzte Wort, aber er kann von dem, was ihm die Kommission unterbreitet, in der Regel nur einstimmig abweichen.

Das spielte bisher kaum eine Rolle, denn die Kommission bemühte sich normalerweise, Vorschläge zu machen, die im Ministerrat mehrheits- oder konsensfähig waren. In der eben beschriebenen neuen Konstellation dürfte das anders aussehen. Die Kommission wäre im Konfliktfall gezwungen, sich an den Vorstellungen des Parlaments zu orientieren, dessen - wenn auch begrenztes - Initiativrecht im neuen EG-Vertrag ausdrücklich anerkannt wird. Die Erfahrung zeigt, daß es dem Ministerrat schwerfällt, sich über gemeinsamen Initiativen von Parlament und Kommission mit der erforderlichen Einstimmigkeit hinwegzusetzen.

Bliebe nur noch der Ausweg, gar keine Entscheidung zu treffen. Wenn aber Handlungsunfähigkeit durch Entscheidungsblockade verhindert werden soll, besteht künftig Einigungszwang zwischen Parlament und Ministerrat. Und zwar selbst in den Fällen, in denen das Parlament laut Vertrag nur angehört werden muß. Der Ministerrat käme auch dann schwer an einem funktionierenden Gespann aus Parlament und Kommission vorbei.

Daß in diesem Zusammenspiel schon bisher überraschende Erfolge zu erzielen waren, zeigt das Beispiel der EG-weiten Einführung des Katalysators für Kleinwagen. Der Ministerrat mußte in dieser Frage trotz heftigen Widerstandes aus einigen Mitgliedstaaten den Vorschlägen von Parlament und Kommission folgen - eine Erfahrung, die künftig zur Regel werden könnte. Denn eine gute Zusammenarbeit mit dem Parlament stärkt auch die Rolle der Kommission, ein kluger Kommissionspräsident braucht also gar nicht an die Seite des Parlaments gezwungen zu werden, er wird dessen Nähe und Unterstützung von sich aus suchen. Mit der Mehrheit des Europäischen Parlaments im Rücken wäre er im Kreis der Staats- und Regierungschefs künftig Gleicher unter Gleichen. Und vielleicht sogar ein bißchen mehr als das.

Was eben beschrieben worden ist, ist keine Zwangsläufigkeit, aber eine Chance, die der neue EG-Vertrag eröffnet. Es bietet sich an, sie schon im anstehenden Europawahlkampf zu ergreifen, also für die Wahlen im Juni 1994 Kandidaten zu benennen, die erklärte Anwärter auf Aufgaben in der Kommission oder gar auf die Kommissionspräsidentschaft sind. Es soll nicht verschwiegen werden, daß dies auch einige Probleme aufwirft. Da ist vor allem die Frage, ob die Parteien sich mit ihren jeweiligen europäischen Schwesterparteien bereits vor den Wahlen grenzüberschreitend auf gemeinsame Kandidaten für die Europäische Kommission verständigen können. Oder ob zunächst nur die nationalen Kandidaten ins Rennen gehen, was einfacher wäre. Gangbar wäre vielleicht ein Mittelweg: Zumindest die beiden großen Parteienföderationen in Europa (Christdemokraten/Konservative und Sozialdemokraten/Sozialisten) könnten sich unionsweit jeweils auf einen gemeinsamen Kandidaten für die Kommissionspräsidentschaft einigen. Es gäbe dann jeweils unionsweit gemeinsame Spitzenkandidaten für die Kommissionspräsidentschaft und dazu nationale Spitzenleute[1], die für Aufgaben in der Kommission in Frage kämen und von ihren nationalen Parteien entsprechend benannt würden.

---

[1] Die als potentielle Anwärter für die Europäische Kommission nominierten Spitzenpolitiker könnten, müßten aber nicht zwangsläufig gleichzeitig die Kandidatenlisten für die Europawahlen anführen. Da gleichzeitige Mitgliedschaft im Europäischen Parlament und in der Europäischen Kommission unvereinbar sind, müßten aus den Reihen des Europäischen Parlaments ernannte Kommissare ihr Mandat sowieso vor ihrer Ernennung niederlegen.

Das Personalpaket, das alle nationalen und politischen Interessen angemessen berücksichtigt, müßte nach der Wahl im Europäischen Parlament geschnürt werden, wäre also die erste große Aufgabe und gleichzeitig die Bewährungsprobe für die neugewählten Abgeordneten.

Aber ist das Europäische Parlament mit seiner besonderen Struktur (neun Arbeitssprachen, Abgeordnete aus zwölf Ländern in acht Fraktionen, die insgesamt beinahe achtzig unterschiedliche Parteien bündeln) dazu überhaupt imstande, ohne daß ein babylonisches Chaos ausbricht? Dem kann entgegengehalten werden, daß die mittlerweile 518 Abgeordneten seit 1979 einen ähnliches Unterfangen alle zweieinhalb Jahre mit Erfolg proben. Und zwar wenn es darum geht, im Parlament die Führungspositionen (Präsident, Vizepräsidenten, Vorsitze in den Fachausschüssen) zu vergeben.

Dabei fällt die Präsidentschaft nicht etwa automatisch der stärksten Fraktion zu. Die Wahl des Parlamentspräsidenten ist vielmehr Test auf die politischen Kräfteverhältnisse und Allianzen, sie hat im Straßburger Plenarsaal schon zu spannendem Kräftemessen geführt. So unterlag zum Beispiel der gegenwärtige Parlamentspräsident, der deutsche Christdemokrat Egon Klepsch, 1982 bei seinem ersten Versuch, an die Spitze des Parlaments zu gelangen, nach dramatischer Kampfabstimmung mit vier Durchgängen dem niederländischen Sozialisten Pieter Dankert. Im Januar 1992 wurde Klepsch dann von einer großen Koalition aus Christ- und Sozialdemokraten gewählt.

Nach der Wahl des Präsidenten werden die anderen Führungspositionen so vergeben, daß es zu einem weitgehenden Ausgleich politischer und nationaler Ansprüche kommt. Leer gehen in der Regel nur Kommunisten und Rechtsradikale aus. Konkurrenz um die Spitze, Konsens beim personellen Gesamtpaket - ein solches Formel wäre auch für die Europäische Kommission die geeignete Lösung.

Ein politisch einseitig besetzte Kommission ist so lange kaum denkbar, wie es in den Mitgliedstaaten Regierungen aus unterschiedlichen politischen Lagern gibt. In dem wenig wahrscheinlichen Fall, daß das Parlament dem nicht Rechnung tragen und versuchen sollte, eine politisch einfarbige Kommission durchzudrücken, könnten die Mitgliedstaaten deren Ernennung verweigern und dies auch der Öffentlichkeit plausibel machen. Die Sorge, daß es womöglich nicht zu einem politischen, sondern zu einem nationalen Durchmarsch von Abgeordneten einzelner Länder auf Kosten anderer kommen könnte, ist ebenso unbegründet. Der EG-Vertrag bestimmt in Artikel 157, daß der Kommission mindestens ein und höchstens zwei Mitglied(er) aus jedem Mitgliedstaat angehören.

Auch von daher stünde einem Europawahlkampf, der auch mit Anwärtern für die künftige Kommission geführt wird, nichts im Wege. Mit einem solchen Wahlkampf dürften die Wähler besser zu mobilisieren sein als bisher. Denn es könnte ihnen leicht plausibel gemacht werden, daß es dabei auch um für Deutschland wichtige Personalentscheidungen im internationalen Rahmen geht. Damit wären die Wahlen zugleich personalisiert, die Europapolitik verlöre zumindest einen Großteil ihrer vielbeklagten Anonymität. Das wäre für Brüsseler Verhältnisse eine demokratische Revolution. Hat doch in dieser Anonymität das immer wieder beklagte Demokratiedefizit bisher seine tiefste Wurzel.

Aber auch wenn die Abgeordneten abwarten und den Staats- und Regierungschefs die Initiative bei der Auswahl der geeigneten Kandidaten für Kommissionspräsidentschaft und Kommission überlassen, können sie ihre Zustimmung zu deren Vorschlägen an Bedingungen knüpfen. Etwa an einen bestimmten Anteil von Frauen unter den neu zu ernennenden Kommissaren. Oder daran, daß ein Teil der Kommissare aus ihren Reihen ernannt werden muß. Auch das wird dazu führen, daß künftig in der Europäischen Union mehr von Personen und personellen Alternativen die Rede sein wird als bisher.

Entscheidend ist allerdings, daß diese Bedingungen frühzeitig und deutlich vernehmbar formuliert werden. Sonst besteht die Gefahr, daß das neugewählte Europäische Parlament schlicht überrumpelt wird. Die Abgeordneten müssen von vorneherein vermeiden, daß sie bei den Personalentscheidungen erneut in die "Friß'-oder-stirb'"-Position geraten, unter der sie im Bereich der Rechtsetzung so lange gelitten haben. Die "Friß'-oder-stirb'"-Falle ist in der Vorschrift angelegt, daß die Kommission *als Kollegium* ein Zustimmungsvotum des Parlaments braucht. Es kann also nicht über einzelne Personen abgestimmt werden, sondern nur über ein personelles Gesamtpaket, in dem sich dann leicht einige politische Kröten unterbringen ließen, ohne daß sich die Abgeordneten wirksam widersetzen könnten.

Die im Interesse des Parlaments wirksamste Lösung wäre deshalb ohne Zweifel, die Entscheidung über die Spitzenpositionen in der EU - wie weiter oben beschrieben - von vorneherein maßgeblich dem Wähler zu überlassen. Dies würde zugleich dokumentieren, daß Europapolitik nicht mehr als Domäne von Insidern und Experten behandelt wird, sondern daß die Unionsbürger entscheiden, wer die Geschicke Europas in die Hand nehmen soll.

Literatur

Abromeit, Heidrun (1992): Der verkappte Einheitsstaat, Opladen

Bieber, Roland/*Jacqué*, Jean-Paul/*Weiler*, Joseph H.H. (1985): L'Europe de demain, Une Union sans cesse plus étroite, Analyse critique du projet de traité instituant l'Union européenne, Brüssel

Burban, Jean-Louis (1979): Le parlement européen et son élection, Bruxelles

Collinson, Sarah/*Miall*, Hugh/*Michalski*, Anna (1993): A wider European Union? Integration and Cooperation in the New Europe, The Royal Institute of International Affairs, London

Europäisches Parlament (EP) (1975): Symposium über die europäische Integration und die Zukunft der Parlamente in Europa, Luxemburg

- (1977): Direktwahlen zum Europäischen Parlament, Luxemburg

- (1991): 1993 - Die neuen Verträge/Die Vorschläge des Europäischen Parlaments, Luxemburg

- (1992): Maastricht. Der Vertrag über die Europäische Union/Die Positionen des Europäischen Parlaments, Luxemburg

Furler, Hans (1963): Im Neuen Europa - Erlebnisse und Erfahrungen im Europäischen Parlament, Frankfurt a.M.

Gomez de Enterria, Carmen (1992): Dans les coulisses du parlement européen: neuf langues et trois procédures, S. 425 - 434 in der "Revue française d'administration publique", Nummer 63, Juli-September 1992

Hallstein, Walter (1979): Die Europäische Gemeinschaft, Düsseldorf

Heidelberg, Franz C. (1959): Das Europäische Parlament, Baden-Baden

Huber, Peter M. (1992): Die Rolle des Demokratieprinzips im europäischen Integrationsprozeß, S. 349 - 378 in "Staatswissenschaften und Staatspraxis", Heft 3/1992

Jacobs, Francis/*Corbett*, Richard/*Shackleton*, Michael (1992): The European Parliament, Essex

Kreile, Michael (Hg.) (1992): Die Integration Europas, Sonderheft der Politischen Vierteljahresschrift, Opladen

Kluxen, Kurt (Hg.) (1980): Parlamentarismus, Königstein/Ts., 5. erweiterte Auflage

La Guérivière, Jean de (1992): Voyage à l'Intérieur de l'Eurocratie, Paris

Leonhardt, Holm A. (1983): Europa konstitutionell, Hannover

Lipgens, Walter (1986): 45 Jahren Ringen um die Europäische Verfassung, Bonn

Löffler, Klaus (1992): Europa 1992 - Die Binnenmarkt-Liste, Informationsbüro des Europäischen Parlaments, Bonn

Loth, Wilfried (1991): Der Weg nach Europa, Göttingen, 2.Auflage

Nuttall, Simon J. (1992): European Political Co-operation, Oxford

Oppermann, Thomas (1991): Europarecht, München

Rat (der Europäischen Gemeinschaften) (1992): Europäischer Rat, Edinburgh 11. - 12.12.92, Schlußfolgerungen des Vorsitzes, Luxemburg

Reif, Karlheinz (1992): Wahlen, Wähler und Demokratie in der EG, S. 43 - 52 in: Aus Politik und Zeitgeschichte, B 19/92 vom 1.5.92

Riklin, Alois (1972): Die Europäische Gemeinschaft im System der Staatenverbindungen, Bern

Rutschke, Gabriele (1986): Die Mitwirkung der Fraktionen bei der parlamentarischen Willensbildung im Europäischen Parlament im Vergleich zu den Parlamenten der Mitgliedstaaten, Frankfurt a. M.

Scharpf, Fritz W. (1992): Europäisches Demokratiedefizit und deutscher Föderalismus, S. 293 - S. 306 in: Staatswissenschaften und Staatspraxis, Heft 3/1992

Schendelen, Rinus van (1993): Die wachsende Bedeutung des europäischen Lobbying, S.64 - S. 72 in: Zeitschrift für Parlamentsfragen 1/93

Schöndube, Claus (1993): 4 von 518 - Blick hinter die Kulissen des Europäischen Parlaments, Bonn

Siegler, Heinrich (1968): Europäische Politische Einigung, Dokumentation von Vorschlägen und Stellungnahmen, Bonn

Steffani, Winfried (1965): Amerikanischer Kongreß und deutscher Bundestag - ein Vergleich, S. 230 - 248 in Kluxen (1980)

Tsebelis, George (1992): The Power of the European Parliament as a Conditional Agenda Setter, University of California/Center for German and European Studies, Berkeley

Vedel, Georges (1975): Bericht über die Rolle der parlamentarischen Institution bei der europäischen Integration, S. 275 - 285 in EP 1975

Weidenfeld, Werner (Hg.) (1991): Wie Europa verfaßt sein soll - Materialien zur politischen Union, Gütersloh

Wessels, Wolfgang (1993): Erweiterung, Vertiefung, Verkleinerung - Vitale Fragen für die Europäische Union, in: Europa-Archiv, Folge 10/1993, S. 308 - 316

Wildenmann, Rudolf (Hg.) (1991): Staatswerdung Europas? Optionen für eine Europäische Union, Baden-Baden

Anhang

Zusammensetzung des Europäischen Parlaments nach Fraktionen und Mitgliedstaaten
(Stand: Februar 94)

Fraktionen

SPE	Fraktion der Sozialdemokratischen Partei Europas
ECP-CD	Fraktion der Europäischen Volkspartei (Christlich-Demokratische Fraktion)
LIB	Liberale und Demokratische Fraktion
Grüne	Fraktion der Grünen im Europäischen Parlament
SdED	Fraktion der Sammelbewegung der Europäischen Demokraten
TFER	Technische Fraktion der Europäischen Rechten
KdL	Koalition der Linken
REG	Regenbogenfraktion
FL	Fraktionslos

Herkunftsländer

B	Belgien	IRL	Irland
DK	Dänemark	I	Italien
D	Deutschland	L	Luxemburg
GR	Griechenland	NL	Niederlande
E	Spanien	P	Portugal
F	Frankreich	UK	Vereinigtes Königreich

	B	DK	D	GR	E	F	IRL	I	L	NL	P	UK	Insg.
SPE	8	3	31	9	27	21	1	34	2	8	8	46	198
EVP-CD	7	4	32	10	17	12	4	27	3	10	3	33	162
LIB	4	2	5		5	9	2	3	1	4	9		44
Grüne	3	1	6		1	8		7		2			28
SdED				1	2	11	6						20
REG	1	4	1		3	1	1	3			1	1	16
TFER	1		2			10							13
KdL				3		7					3		13
FL		2	4	1	5	2	1	7		1		1	24
Insg.	24	16	81	24	60	81	15	81	6	25	24	81	518

FSC
www.fsc.org
MIX
Papier | Fördert
gute Waldnutzung
FSC® C083411

Kolibri 360 GmbH
Ferdinand-Jühlke-Straße 7
99095 Erfurt, Deutschland
produktsicherheit@kolibri360.de

Druck:
CPI Druckdienstleistungen GmbH
im Auftrag der
Kolibri 360 GmbH
Ferdinand-Jühlke-Str. 7
99095 Erfurt